O horizonte
Conversas sem ruído entre
Sanguinetti
& Mujica

Alejandro Ferreiro
Gabriel Pereyra

O horizonte
Conversas sem ruído entre
Sanguinetti
& Mujica

Tradução de Sérgio Karam

Texto de acordo com a nova ortografia.
Título original: *El horizonte: Conversaciones sin ruido entre Sanguinetti y Mujica*
Tradução: Sérgio Karam
Capa: Gabriela López Introini
Foto da capa e interior: Max Argibay
Preparação: Patrícia Yurgel
Revisão: Nanashara Behle

CIP-Brasil. Catalogação na publicação
Sindicato Nacional dos Editores de Livros, RJ.

F445h

Ferreiro, Alejandro, 1968-
O horizonte: conversas sem ruído entre Sanguinetti e Mujica / Alejandro Ferreiro, Gabriel Pereyra; tradução Sérgio Karam. – 1. ed. – Porto Alegre: L&PM, 2023.
232 p. ; 21 cm.

Tradução de: *El horizonte: Conversaciones sin ruido entre Sanguinetti y Mujica*
ISBN 978-65-5666-384-5

1. Mujica Cordano, José Alberto, 1934- - Entrevistas. 2. Sanguinetti, Júlio María, 1936- - Entrevistas. 3. Uruguai - Política e governo - Século XXI. 4. Uruguai - Presidentes - Entrevistas. I. Pereyra, Gabriel. II. Karam, Sérgio. III. Título.

23-84415   CDD: 923.1
            CDU: 929:32(899)

Gabriela Faray Ferreira Lopes - Bibliotecária - CRB-7/6643

© 2022, Alejandro Ferreiro / Gabriel Pereyra

Todos os direitos desta edição reservados a L&PM Editores
Rua Comendador Coruja 314, loja 9 – Floresta – 90.220-180
Porto Alegre – RS – Brasil / Fone: 51.3225.5777

Pedidos & Depto. Comercial: vendas@lpm.com.br
Fale conosco: info@lpm.com.br
www.lpm.com.br

Impresso no Brasil
Inverno de 2023

Sumário

Prólogo / 7

Primeira conversa
      Terça-feira, 28 de junho de 2022 / 9

Segunda conversa
      Terça-feira, 26 de julho de 2022 / 41

Terceira conversa
      Terça-feira, 2 de agosto de 2022 / 79

Quarta conversa
      Terça-feira, 9 de agosto de 2022 / 121

Quinta conversa
      Terça-feira, 23 de agosto de 2022 / 163

Sexta conversa
      Terça-feira, 30 de agosto de 2022 / 199

Prólogo

Um é liberal, o outro, socialista; um faz da liturgia do poder um dogma, o outro se encarregou de dinamitar as formalidades da autoridade; um é do Partido Colorado, o outro é, em sua origem, do Partido Branco*; um usa terno e sapato social, o outro, camisa de lenhador e botas de trabalho. Os dois passaram dos oitenta anos de idade.

Ambos levam uma vida sóbria; os dois dedicaram sua vida à política; um e outro têm a seu lado mulheres de personalidade forte, com as quais dividiram uma vida inteira enquanto se dedicavam à militância partidária ou a ocupar cargos de governo; os dois se caracterizam por serem capazes de superar o discurso político do momento e ingressar no terreno filosófico; há tempos os dois tentam dar algum tipo de alerta para que as diferenças entre os uruguaios não se transformem numa brecha intransponível; como políticos, obtiveram uma importante projeção internacional.

Os dois foram presidentes da República Oriental do Uruguai e, por suas diferenças, são duas faces opostas. Por suas semelhanças, são uma mesma moeda.

---

* Partido Colorado uruguaio: partido de centro-esquerda, que mais vezes governou o país. Partido Branco: também conhecido como Partido Nacional, é de centro-direita. Ambos foram fundados em 1836, figurando entre os partidos mais antigos do Ocidente ainda em atividade. (N.E.)

Mais de um militante político ficará desconcertado ao saber que Julio Sanguinetti e José Mujica foram capazes de superar diferenças e arranjar tempo para se reunir ao longo de seis terças-feiras (entre junho e agosto de 2022) na sede da editora Penguin Random House, no centro de Montevidéu, para conversar, refletir, concordar e discordar sobre a democracia, o Estado, a economia de mercado, o consumo, o capitalismo, a ciência, a arte, a corrupção, o narcotráfico, a família, o amor, o futebol. Sobre a vida e sobre a morte.

A proposta feita aos dois, desde o início, foi a de não afundar no passado, terreno já conhecido, mas falar do país, que atravessa um momento de perigosa tensão, e fazê-lo olhando para o futuro. Ambos aceitaram generosamente o desafio e o resultado é este livro, que aspira a ultrapassar o caráter peremptório a que o debate político nos habituou. As reflexões destes dois homens, que, na política e no exercício do poder, parecem ter visto de tudo, estão focadas no reconhecimento de que as coisas que dividem os seres humanos não impedem que estes, como vem ocorrendo com nossa espécie desde sua origem, somente consigam avançar na direção de um mesmo lugar: o horizonte.

Os autores

Primeira conversa

Terça-feira, 28 de junho de 2022

Como é a ideia de austeridade com a qual os senhores trabalham? Eu sempre lembro de vocês governando ou em casa. Não me lembro de tê-los visto em férias, mas sim, pelo menos enquanto eram governantes, e também quando não o eram, ocupados com sua função da vida inteira. Como se pode manter por tanto tempo a preocupação em exercer esta função, que é mais que política? Digamos, dedicar-se à construção de algo, com certas regras, o que se reflete também na maneira de ser dos senhores.

SANGUINETTI: Temos uma história de vida até que bastante diferente. A minha foi, desde o primeiro dia, dentro do jornalismo e da política. Eu nasci dentro disso. Nasci dentro de um semanário [da cidade] de Canelones e de um jornal colorado batllista, de don Luis Batlle, ali nasci e ali continuei. Ou seja, minha vida toda se deu dentro desse mundo: o jornalismo, a política. Claro, com outros interesses paralelos desde sempre, o futebol, a arte, a literatura, a história. Mas minha vida sempre transcorreu dentro desses parâmetros, ou dentro desses ambientes, o que também me permitiu fazer muitas coisas bastante cedo. Me permitiu viajar, ver diferentes lugares, como um jovem jornalista. Na América Latina, na Europa. Fui até a Coreia do Norte.

Fui filmado dos dois lados, porque primeiro fui à Coreia do Norte e, do outro lado da mesa, os da Coreia do Sul me filmavam. Porque ali nunca houve um tratado de paz, houve um cessar-fogo, que tenho a impressão de que é o que vai ter de ocorrer na Ucrânia. Um cessar-fogo, porque dificilmente haverá um tratado de paz.

Mujica: Pelo menos um armistício, algo assim.

Sanguinetti: Sim, certamente um armistício, um cessar-fogo, porque a Ucrânia nunca vai aceitar a perda de alguns territórios e, consequentemente, não vejo condições para isso. Na Coreia aconteceu isso, na Coreia nunca houve um tratado de paz. Houve um cessar-fogo, cada um permaneceu em sua linha, o famoso paralelo 38, e permanecem ali sentados, reúnem-se todos os dias, se olham, se insultam um pouco. Um de um lado, outro do outro. Como jornalista, eu estive nos dois lados, um dia levado pelos do Norte, outro dia pelos do Sul. O jornalismo me permitiu isso num nível pessoal: ampliar horizontes, ver experiências distintas. Em 1959 estive em Cuba como jornalista, e o jornalismo nunca me abandonou. Ou eu não o abandonei. Nunca deixei de escrever, esse sempre foi o meu modo de vida.

Mujica: No meu caso, sou um camponês meio urbano, de chácara pequena. Ali onde acabam as chácaras e começam os lotes. E de uma época em que havia trabalhadores que compravam um lote e iam fazendo uma casa aos poucos. Esses são os bairros do cinturão de Montevidéu, estão entre uma coisa e outra. Ruazinhas de terra, a gurizada que jogava bola de gude e tinha um cavalinho. Um campinho. Meu pai morreu muito cedo, eu tinha oito anos, e foi difícil, mas, quando acabavam as aulas, todos os anos, me mandavam para Carmelo, para a casa de meu avô, que era descendente direto de italianos, uma colônia de italianos, Colonia Estrella. Vem daí minha vocação para a terra. Devo muito a meu avô, que foi à escola por apenas três anos.

Sanguinetti: O avô Mujica ou o avô Cordano?

Mujica: Cordano. Colonia Estrella, onde fica a capela de San Roque.

Sanguinetti: E essa parte italiana é a parte boa.

Mujica: Totalmente italiana. E essas pessoas tinham um sentido de colônia, mas mantinham certas tradições: carnear os porcos em conjunto, certas festas. Meu avô fundou sete cooperativas. Entre elas, a vinícola Irurtia. Essa vinícola era uma cooperativa italiana, todos faziam vinho e disseram "vamos nos unir" e fundaram a cooperativa. O vinho se chamava Curupí, e, depois, quando os velhos morreram, havia uns cem herdeiros, que brigavam, e então Irurtia a comprou.

Sanguinetti: Isso costuma acontecer.

Mujica: Sim. Mas era incrível, porque tinham debulhadora, tinham um pedaço de vinha, criavam algum gado. Essa colônia se formou com a sucessão García de Zúñiga, que importava gringos e vendia a eles pedacinhos de terra. E para os gringos que vinham da Itália era um paraíso. Herdei um pouco dessa cultura.

A cultura da austeridade?

Mujica: Da frugalidade.

Essa palavra é melhor. Frugalidade.

Mujica: Frugalidade, principalmente, porque nessa colônia todos progrediram. E vinham de uma pobreza crônica. Claro, numa economia fechada, eu não sabia, mas meu avô conhecia certas leis da economia. Fazia muitas coisas porque nem todas podiam dar errado; é o que hoje chamamos de "diversificar o risco".

Sanguinetti: Damos um nome bonito.

Mujica: E ele me dizia uma coisa: "Você, quando crescer, compre terra, porque nunca vai perder".

E como é isso de manter a família unida, um casal, durante tantos anos, o amor dentro da política?

Sanguinetti: Eu vivi numa família grande. Quando morávamos na rua Juan Paullier, era uma casa grande, que tinha uns três pátios. Ali viviam meus avós Sanguinetti, meus pais, minha tia Aída, uma das primeiras mulheres a se divorciar, com seu filho. E depois minha tia Chicha, minha tia Maruja, minha tia Elba, minha irmã Silvia e eu.

O senhor mencionou muitas mulheres.

Sanguinetti: Era uma pequena colônia, e meu avô, que era um militar aposentado, e meu pai, na época da guerra, tinham uma mesa como esta, com os mapas sempre ali em cima. Todos os dias, vendo se este avança, se o outro vai. Meu pai era diretor de escritório, era tabelião, mas se dedicou a vida inteira aos assuntos sociais e tinha se alistado como voluntário. Na época da guerra havia voluntários. Então formaram-se dois batalhões de voluntários.

Mujica: Iam para Florida.

Sanguinetti: O 13º e o 14º batalhões de Infantaria, e papai era o porta-estandarte do 14º Batalhão de Infantaria. Num 18 de julho desfilou como porta-estandarte, e eu, com meu olhar ingênuo de criança, via-o na Europa lutando, ou algo do gênero. A imaginação de uma criança! Meu primeiro contato com a guerra foi o [cruzador alemão] *Graf Spee*. Eu vi o *Graf Spee*.

Mujica: Eu também, meu pai me levou para ver. Saía do porto.

Sanguinetti: Então estivemos juntos ali. Foi nossa primeira aproximação. Tinha que ser um encouraçado. Eu me lembro muito bem dessa cena, porque havia uma multidão. Tenho essa vivência do molhe cinzento, a lembrança de um menino que chorava porque estava perdido. E, depois, lembro quando chegamos em casa, na rua Juan Paullier, e papai subiu, e nós, os meninos, ficamos brincando na rua, como se fazia então. E, depois de um tempo, meu pai sai correndo, era muito ágil, e diz: "Vamos para a Rambla, afundaram o *Graf Spee*". E ali vimos a guerra muito de perto. Hoje, à distância, podemos ver as coisas de outro modo. Esse é o truque do historiador, o anacronismo, porque podemos ver os fatos, mas os vivenciamos de modo diferente. Naquela época vivia-se a guerra com uma enorme intensidade, todo os dias se falava no assunto.

Mujica: Era praticamente só disso que se falava. Havia revistas fabulosas, de circulação mundial, e fotos.

Sanguinetti: Falava-se o dia inteiro sobre isso, nas rádios.

Mujica: Carros movidos a gasogênio. Havia carros movidos a lenha no Uruguai.

Carros movidos a lenha?

Mujica: Sim. Movidos a lenha.

Sanguinetti: E a carvão.

Mujica: Depois usaram madeira também. E aperfeiçoavam os filtros cada vez mais. Dava para ver isso por uma corrida que fizeram, que foi ao rio Negro, e partiram de um campo que havia em frente à minha casa. Os carros andavam meio atolados...

Sanguinetti: Hoje os ecologistas nos fuzilariam. O gasogênio era uma espécie de caldeira com chaminé, alimentada com lenha ou carvão, que depois se gaseificava. Suponho que, ecologicamente, deve ter sido uma invenção diabólica. Mas me parece importante ver isso como uma expressão do que era o mundo da escassez. Porque a geração de vocês já começou a ver um mundo mais abundante, cheio de coisas. Naquela época havia muito poucas coisas, pouquíssimas coisas.

Mujica: Claro. Lembro que éramos crianças e pegávamos as bocas dos [fogões] Primus. O Primus era o instrumento básico, mas as bocas eram importadas e tinham que ser consertadas, e fazíamos isso. Mudávamos os caninhos e tudo o mais, me lembro bem, e ganhávamos alguns trocados com isso.

Doutor, o senhor começou contando a história de toda a família, mas, chegando em você como político, toda essa longa carreira se deu ao lado de Marta. Como o casal se mantém? É preciso fazer um esforço extra no caso de um homem que seja um político?

Sanguinetti: Essas coisas acontecem ou não acontecem, imagino eu. A nossa história foi assim, nos conhecemos muito jovens, namoramos seis anos, uma coisa rara para os dias de hoje, para os tempos atuais, seis anos de namoro. Eu me declarei a ela e, uma semana depois, disse: "Vou falar com o seu pai". Marta me diz: "Você está louco, espere um pouco". E eu disse: "Não, não vou ficar me escondendo, vou falar com o velho Canessa". Ele tinha uma grande fama de mau, era o delegado do Peñarol e era ele que brigava com todo mundo. Foi numa Semana de Turismo, então fui lá e falei com o velho. Me ouviu por algum tempo, contei a ele, enfim.

O que se fala nesses casos?
SANGUINETTI: Nada, quando conto isso para meus netos, eles riem. Você foi pedir a mão dela? Não, não, pedir a mão não, fui me apresentar e dizer a ele que queria visitar Marta.

Falou "Vou ser presidente"?
SANGUINETTI: O velho me escutou por um tempo, falei do que estava estudando, essas coisas. E ele me diz: "De que time você é, e politicamente, você, pra que lado anda?". "Eu sou colorado, da Lista 15". Eu sabia que o velho também era colorado, mas da Lista 14. Então eram duas famílias bastante antagônicas. E ele me disse: "E no futebol?". "Peñarol." "Ah, bom, muito bem, então você está vendo a [competição de ciclismo] Volta do Uruguai. Estão chegando, na ponta vem um do Peñarol, então vamos todos até o velódromo para ver a chegada." E aí já me incorporei à família Canessa, de modo mais ou menos espontâneo. Eu tive uma relação muito bonita com meu sogro. Minha sogra era escritora, nasceu em Cuba, filha de catalães. O pai tinha ido até lá para instalar

uma fábrica de papel. Marta esteve na casa em que sua mãe viveu, em Camagüey, e Fidel deu a ela de presente a certidão de nascimento e uma série de coisas de sua mãe. Quando ele esteve aqui, eu presenteei Fidel com uma foto em que aparece o porto de Havana, na qual se vê, ao fundo, um navio de guerra e, numa parede, os dizeres "Carne líquida do Uruguai". Custei a descobrir o que era a carne líquida e depois me explicaram que era um médico que fazia uma espécie de extrato de carne, essas coisas fortificantes da época. Então, a vida familiar foi uma vida muito familiar, essa é a verdade. Tanto por meu lado quanto pelo lado de Marta, e em seguida eu também fui muito influenciado pelo ambiente do jornal. *Acción* era um jornal pobre comparado a *El Día*, que era um jornal poderoso, mas o nosso era um espetáculo, porque a crítica de arte era María Freire e o crítico de teatro era Ángel Rama.

MUJICA: Além disso, era uma época de auge do governo.

SANGUINETTI: Eu trabalhei com Juan Carlos Onetti. No dia do duelo entre Batlle e Rivas, nós dois estávamos encarregados da cobertura, esperando a ligação de quem tinha estado lá. Os dois muito luisistas, cada um à sua maneira. Onetti ao modo existencialista e eu ao modo vulgar, porque ele foi para mim um líder muito inspirador, sobretudo em termos humanos. Era um líder extraordinariamente humano, don Luis. Mas, naquele ambiente do jornal... o Menchi Sábat, que foi meu amigo íntimo até morrer, na época me influenciou muito, aquele mundo todo, onde também estava o político. Foi don Luis quem mandou que fundássemos o semanário *Canelones*, porque a Lista 14 nos ganhava de longe, porque a Casa Berreta dava uma surra bárbara na

Lista 15. Éramos maioria no país, mas em Canelones morríamos como na guerra. Então ele disse: "Vamos fazer um semanário". O diretor era Maneco Flores Mora, que era um jornalista incrível. E estavam, também, Zelmar Michelini e Teófilo Collazo. Depois os mais jovenzinhos, meu primo Norberto, Solé, Elías Bluth, gente com quem segui a vida inteira. E tínhamos dezessete, dezoito anos. Foi ali que começamos a vida política. Comecei em Canelones, que é uma boa escola, uma boa escola de política.

Mujica: É o Uruguai em miniatura, porque tem de tudo. Tudo do Uruguai está em Canelones.

Sanguinetti: Eu disse ao nosso presidente: "Você chegou a presidente por Canelones. Porque conseguiu transformar um rapaz de boa família num líder popular. Mas isso porque você passou por Canelones, em Canelones você pode ser deputado, dá para se eleger meio sem querer. Agora, ser reeleito duas vezes é porque você realmente andou pela periferia buscando votos, ou não seria reeleito em Canelones".

Pepe, a sua história de amor com Lucía é mais complicada, mais confusa.

Mujica: Não, é mais simples.

Ah, é?

Mujica: Muito mais simples. Já estávamos numa etapa mais madura. Conheci Lucía na organização. Eu a conheci e nos juntamos num momento muito dramático.

Estavam na clandestinidade?
MUJICA: Sim, superclandestinos. E, bem, ficamos juntos pouco tempo e fomos presos. E, quando saímos da prisão, nos juntamos, e estamos juntos até agora. E nos casamos também, há pouco tempo. Nos casamos porque precisávamos dar um jeito na papelada. De repente a gente morre e depois fica uma confusão bárbara.

Mas não na igreja.
MUJICA: Não, mas poderia ter sido na igreja. Eu não sou crente, mas fui até coroinha quando era bem jovem. Existem etapas, como em todas as coisas da vida. E pode ser que na juventude seja uma fogueira, um turbilhão, mas, com a velhice, passa a ser um doce costume e um abrigo contra a solidão. Pelo menos como eu o vejo. Então temos uma mútua interdependência que nos ajuda enormemente e eu tenho uma maneira de pensar, tive uma vida complicada, mas me ajudou a pensar. Para mim, a frugalidade é uma maneira de viver, é uma luta para manter uma ampla margem de liberdade. Porque se eu deixar que as necessidades se multipliquem ao infinito, tenho que viver para cobrir essas necessidades e não me sobra tempo para fazer as coisas que me motivam. A liberdade para mim é isso. Então é um tremendo negócio, para mim é muito cômodo ser austero na maneira de viver, porque nos livramos de uma quantidade infinita de problemas. Mas, talvez, se não tivesse vivido o que vivi, não teria chegado a essas conclusões. Se tivesse que me definir filosoficamente quanto a isso, diria que sou algo assim como um neoestoico. Pobre é quem precisa de muito. Ou, como dizem os aimaras, pobre é o que não tem

uma comunidade. Porque o indivíduo precisa sobreviver com o apoio da comunidade, e eu sei que estas coisas não estão na moda.

Mas talvez voltem a estar...
MUJICA: Porque alguns acreditam que é um sacrifício, mas não. Sacrifício é complicar a própria vida.

Sanguinetti, me lembro de uma campanha política, acho que foi em Salto, em que o senhor falou do consumo e do consumismo, comparando-o com o álcool e o alcoolismo. Lembra disso?
SANGUINETTI: Claro.

Mas o senhor sempre diz que o consumo civiliza.
SANGUINETTI: O consumo é democratizante. O consumismo é a patologia do consumo. Quando éramos jovens, os ricos moravam numa casa maior, com dois pátios, e os outros numa peça menor. Agora, os dois morriam de frio. O consumo, que é a consequência da sociedade industrial, permitiu o acesso aos produtos manufaturados, que facilitaram a vida, tornaram a vida mais fácil para as pessoas.
MUJICA: Sem dúvida.
SANGUINETTI: Agora, quando, felizmente, a paz se instalou e a sociedade industrial se desenvolveu de modo espetacular, o consumo desenvolveu também sua própria patologia, que é quando ele gera uma necessidade própria e se transforma numa espécie de vício. Então, nesse sentido, corroborando as palavras de Pepe, eu não me considero austero, mas,

também, sóbrio. Nós nunca tivemos casa na praia, quando todos os homens de minha época compravam um terreno em El Pinar ou em Punta del Este, que eram baratos. Nós sempre investimos tudo dentro de casa, porque nossa vida eram os livros e os quadros. Sempre fui assim, desde jovem. Compramos nosso primeiro quadro do galego Leopoldo Nóvoa, um grande pintor espanhol que trabalhava como desenhista em *Acción*. Ele nunca dava nada de presente, apesar de sermos muito amigos. Me vendeu o quadro em trinta prestações. Esse foi nosso primeiro quadro. O dinheiro que ganhamos foi gasto pagando a casa. E assim continua até hoje. Nossa vida também transcorreu muitíssimo dentro de casa, além da vida política, porque é na rua que se ganha e se perde. Mas a casa foi muito importante para nós. Há pessoas que pensam nesse assunto de arte e o veem como uma coisa decorativa.

Ou como um luxo, também.

Sanguinetti: Como dizia meu biografado Pedro Figari, a arte é uma necessidade. Ela se expressa de diversas maneiras. De repente um *gaucho* expressa seu sentido artístico fazendo um laço. Outro, fazendo uma gravura na cuia do mate. Quer dizer, há uma necessidade de criação. É a arte que cria o homem.

Mujica: E isso é velho como o mundo. Antropologicamente, há rastros disso em todas as civilizações.

Sanguinetti: Não há caverna que não tenha um bicho pintado ou alguma outra coisa expressiva. Então o homem sempre teve a necessidade de se expressar. As cavernas são fantásticas. E as pessoas sentiram isso desde muito cedo. Há pessoas que veem isso como uma coisa de enfeite ou decorativa.

E há pessoas que veem como um artigo de luxo, acima de tudo, e também como uma espécie de investimento.

SANGUINETTI: Também. É como todas as coisas, as pessoas as assumem do modo que quiserem. Para nós foi não apenas uma felicidade conviver com isso, mas também cultivar a amizade de muitos artistas, porque eu trabalhei muitos anos nisso e continuo vinculado ao meio artístico. Fui amigo de muitos artistas e então trabalhamos muito em muitas coisas e ainda estamos ligados a isso. Mas, digo, a frugalidade republicana, no sentido de que nunca sentimos a necessidade da chamada vida social no sentido frívolo da palavra, nunca. E sempre vivemos para isso, para esses interesses particulares, me refiro à vida doméstica. Mas também tivemos filhos, tivemos netos e agora temos bisnetos. Isso também faz muito bem à vida. Depois de ter filhos a gente já muda muito, e com os netos muda ainda mais. E agora temos nosso primeiro bisneto, que nasceu no Paraguai porque um de meus netos está trabalhando lá. Então isso também nos impõe um modo de vida particular. Nesse sentido, creio que temos vidas diferentes, digamos.

MUJICA: Sim, sem dúvida. Eu vivo com minha mulher, mas sempre... Nessa etapa dos últimos 35 anos, vivo numa chácara que foi uma espécie de refúgio. Sempre há tribos de quatro famílias que vivem, e isso e aquilo... E agora se transformou num lugar de peregrinação. Mas em mim perduram coisas que vêm de muito antes, e minha vida é inteiramente de militante político. Aos catorze anos, sem me dar conta, comecei a militar numa agremiação estudantil. Não liberal, libertária, dos velhos anarquistas. E segui por aí. Eu não me dei conta e segui. E tive uma doença aos dezessete anos, por aí, era praticamente uma doença. Como éramos pobres, eu não tinha dinheiro para ler, para comprar livros. Pobres, mas nunca passamos fome. Mas aí eu ia a uma biblioteca que havia na Faculdade de Humanidades, havia uma biblioteca estupenda que tinham recebido como doação e me saía muito barato porque o ônibus que eu tinha que pegar saía dali, daquela esquina. Ficava lá umas cinco ou seis horas. Foram mais de dois anos em que li uma barbaridade. De tudo. E conheci alguns professores que foram da escola e ficaram meus amigos, don Paco Espínola e don José Bergamín.

Sanguinetti: Perdão, quem?

Mujica: José Bergamín, que foi ministro da Cultura da Espanha. Que esteve exilado aqui por algum tempo.

Sanguinetti: Sim, claro, como não.

Mujica: Era um velho louco, brilhante, um daqueles tipos, porque era católico, comunista, defendia a tauromaquia, era natural de Mallorca, mas pediu que o enterrassem no país basco, de tão furioso que estava com a Espanha. Era brilhante, muito brilhante. Era a época em que, como dizia don Sanguinetti, tínhamos menos coisas. Mas os professores daquela época gastavam muito tempo, porque as pessoas faziam tertúlias, iam a algum bar com o professor.

Sanguinetti: Fantástico, sim, sim.

Mujica: Real de Azúa, por exemplo. Ele não era um professor que te ensinava, era um homem mais velho que te conduzia intelectualmente. Essa relação tem um valor inalienável. Numa certa etapa, quando saímos da adolescência e ainda não somos... Era um tempo em que havia mais tempo.

Sanguinetti: Vou te contar uma coisa. Eu também conheci Bergamín. No Centro de Estudantes de Direito fazíamos umas conferências e convidamos Bergamín. Um dia também convidamos Pedro Díaz. Outro dia, quando discutíamos o assunto dos crucifixos nos hospitais, o cardeal me olhou surpreso quando lhe contei que tinha conhecido o homem que manteve uma polêmica com Rodó, que era Pedro Díaz, a quem também tinha conhecido naquela mesma temporada. Lembro que o velho Pedro Díaz deu uma conferência tremenda sobre os bens da Igreja e a usurpação que ela tinha feito, e tudo o mais. Afirmava que não tinha nenhum tipo de bem. Me lembro que, ao final da conferência, disse a ele: "Diga-me, don Pedro, afinal de contas, o senhor é branco ou colorado?". "Eu não sou nem branco nem colorado, eu sou anticlerical." E Bergamín, que também estava muito vinculado ao mundo daquela época, da geração de todos esses, de Maggi, de Maneco, todos eles. Mas eu o convidei, e me lembro muito bem, porque ele deu uma linda conferência. Falou sobre a República. E um colega nosso, que era meio falangista, disse: "Não, a República levou a Espanha ao caos" e isso e aquilo. Lembro muito bem, era um sujeito alto e magro, e então Bergamín olha para ele e diz: "Prefiro um caos vivo a um alfabeto morto". Essa foi uma frase de José Bergamín.

Os senhores falaram em religião. Como é a relação de cada um de vocês com a religião?
SANGUINETTI: A minha é muito simples. Meu pai era ateu, minha mãe era católica. E então papai não se opôs a que tivéssemos uma educação religiosa. Nessa época morávamos na rua Santiago de Chile, então me mandaram ao seminário para ter uma educação religiosa. Eu ia à escola, ia ao Elbio Fernández, depois ao liceu, fui ao Rodó, no centro, porque morávamos na rua Santiago de Chile. E ali tive uma educação religiosa por algum tempo. Os padres chegaram a se entusiasmar comigo como estudante, mas eu saí de lá totalmente herege.

Mas que papel atribuem à religião hoje? Como veem o papel da religião hoje?
SANGUINETTI: Há duas dimensões. Uma é a dimensão metafísica da religião, se olharmos por esse ângulo. E outra é a das religiões positivas, como construções humanas institucionais. Uma coisa é a Igreja Católica, outra é o próprio sentimento da crença, ou seja, da crença numa transcendência vital ou na existência de um ser superior. Minha relação foi assim: tive essa aproximação com a religião, fiz a primeira comunhão, mas, claramente, não recebi o chamado da fé.

De que modo o fato de sermos um país tão ateu nos condiciona?
SANGUINETTI: Eu não acho que o país seja tão ateu, acho que... O próprio Batlle, de quem tanto se fala, Batlle não era ateu, era um deísta filosófico, acreditava um pouco em

alguma entidade superior, mas não na Igreja, obviamente; isso é outra coisa. Eu acho que o sentimento religioso está nas pessoas de alguma maneira, mas as instituições religiosas são outra coisa. Agora, o Uruguai ficou, desde cedo, bastante afastado da dominação que a Igreja Católica naturalmente exerceu em toda a civilização ocidental, a hispânica e a nossa. E relativamente cedo. Nossos próceres, sim, eram todos católicos. Artigas era católico, Rivera, Lavalleja... Mas, em seguida, Berro, um presidente *blanco*, é o primeiro a tomar uma medida laicizante quando transforma os cemitérios em propriedade pública, por causa de um padre de San José que tinha se negado a enterrar um maçom. Foi o primeiro ato realmente de separação; depois virá, em 1876, a escola laica, gratuita e obrigatória, que eu diria que é a etapa fundacional de nossa sociedade. Na minha opinião.

Mujica: Eu acho que o problema da religião... Não há grupo antropológico que não invente algo que não pode provar, mas no qual acredita.

Sanguinetti: Claro.

Mujica: Em todo lugar, e em todas as épocas. Alguma das teorias contemporâneas que andam por aí dizem que é uma forma de expressar a necessidade de se corporizar, de se construir um "nós" mais abrangente... Precede o sentimento de nacionalidade e dista muito dele. E em nome da religião fizeram barbaridades de todo tipo, mas também houve heroísmos de todo tipo. O homem é um animal utópico, precisa acreditar em algo. Depois, se aquilo em que acredita é válido, bem, isso é discutível, mas ele precisa acreditar em algo. Precisa expressar uma quase-fé em algo. Podemos ver isso na paixão pelo futebol. Precisamos acreditar em algo.

Sem utopias somos bastante passivos, digamos, porque na utopia não importa se conseguimos alcançar algo, o importante é aquilo em que se acredita. Então, toda comunidade humana está obrigada a proclamar um objetivo para, ao menos, poder se mover. **Houve utopias passivas, a Igreja do século XIX se encarregou de pedir aos menos favorecidos que tivessem paciência, que a utopia era o paraíso. Mas toda utopia tem algo de lucidez. Gostaria de analisar um pouco isso, com base na crença dos senhores na utopia. É realmente preciso ir mudando de lugar a cenoura para podermos seguir nos movendo? Os senhores são pessoas que direcionaram o pensamento em função de ir para algum lugar, e, como o tropeiro, não como o boiadeiro, disseram: "Vamos para lá, sigam-me". Como funciona a crença nessa utopia pessoal e como essas utopias pessoais se mantiveram ou se transformaram, agora que podem ver as coisas deste ponto?**

Mujica: Não sei se isso é algo totalmente consciente ou inconsciente, mas acho que aquele que abraça o destino da luta política é porque tem o sonho, a convicção, de que se podem fazer coisas que ajudem a melhorar e a afetar a vida das pessoas. Não sei se é uma utopia, mas é um desejo interior. Algumas pessoas acham que a política é uma profissão; eu não acho que seja uma profissão, porque, se for, me parece algo muito frio; é uma paixão, que pode se tornar profissional, que seja, mas que fundamentalmente tem, por detrás, um motor de intenção, de querer lutar pela melhoria da sociedade em que se vive. Pode-se consegui-lo ou não, porque o que se consegue sempre é bem menos do que aquilo com que se sonha ou se pensa. Não sei se podemos chamar isso de utopia. Mas eu sempre disse, estou convencido: teríamos que afastar da política aqueles que têm paixão pelo dinheiro, pela acumulação de dinheiro. Isso não quer dizer que na política não haja interesses, mas é outra coisa, de repente somos movidos por um sentido, uma honra interna não consciente, ou algo assim. Mas acredito que combatemos, que colocamos uma vida inteira a serviço de algo porque temos uma paixão interior, não porque seja algo imposto ou que nos mandem fazer, é algo profundamente vocacional.

É perigosa essa questão de a paixão pelo dinheiro e a política andarem de mãos dadas?

S<small>ANGUINETTI</small>: Mujica fala do sentimento utópico, mais do que da construção utópica. Aqueles que construíram utopias sempre terminaram pensando utopias que foram, todas, autoritárias. Desde a República de Platão até a de Tomás Morus ou até a sociedade sem classes do próprio Marx, que era a utopia dele e que, na realidade, acabou dando em coisas muito diferentes, não?

M<small>UJICA</small>: Sim, sim...

S<small>ANGUINETTI</small>: Mas são construções intelectuais. Ele está falando, eu diria, é de uma capacidade de sonhar ou de uma vontade de realizar determinadas aspirações. Alguém pode ter uma aspiração artística e investir toda sua paixão no quadro que pinta ou no romance que escreve. Nós, que nos dedicamos à política, nosso sonho é construir uma sociedade que queremos imaginar cada dia melhor. Com caminhos distintos, porque é aí que entram a variedade da política e os riscos da política. Porque, nesse afã por construir, há quem possa apelar um pouco mais para a construção da organização necessária para melhorar as coisas, chamemos a isso de Estado, e há outros que, ao contrário, aspiram a uma liberdade com o mínimo de limitação ou de coerção autoritária. E é nessa tensão entre a liberdade máxima e a autoridade que organiza que transcorre o mundo da política. Assim nasceu o Estado, como um mecanismo de proteção para as primeiras organizações tribais, antropologicamente falando, como bem disse Mujica. Os homens se uniram para se defender das inclemências do tempo e dos animais, e assim os estratos sociais foram se organizando. E essa é a tensão da vida política: primeiro há uma vocação que nasce, independentemente do que se esteja pensando.

Mujica: É muito forte isso. Temos, talvez, duzentos ou trezentos mil anos. O homem vivia assim. A era moderna é muito curta. Algum dia ainda vai se investigar a memória genética.

Falamos do consumo, do propósito da política e da liberdade...

Mujica: E das paixões.

E das paixões...

Mujica: Mas, espere, porque falta uma coisa. Pode haver paixão pela pintura ou pela pesquisa, a aventura de uma molécula, tem gente que passa cinco anos nisso. Ou a paixão pela acumulação de dinheiro, que eu não vejo simplesmente como algo pejorativo, porque para isso é preciso fazer um esforço de caráter colossal. E é uma paixão. Me lembrei disso porque, um dia, perguntei a uma pessoa que está com uns noventa anos: "E você, quando vai parar?". E essa pessoa me disse: "Eu não posso parar". Bem, é uma paixão. É uma paixão que também existe.

O estadista, quando defende as ideias superiores, fala em ter uma sociedade livre, da liberdade, do liberalismo, de ter uma sociedade em paz, harmônica. Mas na política também sempre se diz que, se a economia vai mal, as pessoas já não se importam com mais nada e há o risco de se perder uma eleição. É preciso que o estadista deixe de sê-lo e passe a ser um político a mais, permanentemente em campanha, porque as pessoas dão valor ao aspecto material e não reconhecem o valor da liberdade como algo que se pode perder?

Sanguinetti: Desde que os homens se organizaram, sempre houve sonhos, possibilidades e realidades. Por algum motivo, o companheiro Aristóteles dizia, há 25 séculos, que havia formas puras de organização e formas impuras. Assim, a aristocracia seria um modo de organização, e sua forma corrupta seria a oligarquia. A monarquia seria uma forma de organização, e a forma corrupta seria a tirania. A democracia, um modo de organização; sua forma corrupta, a demagogia. Isso dizia Aristóteles há 25 séculos, então o que isso nos diz? Que a tentação corrupta do político é bajular as pessoas fazendo-as acreditar que o mundo político pode sempre proporcionar a elas aquilo com que sonham. E isso sempre ligado à sociedade de consumo. Estamos falando da sociedade grega clássica, e o primeiro grande pensador da vida política já dizia isso.

Mujica: Sim. Eu acho que o órgão mais sensível que conhecemos nos seres humanos não é o coração, mas o bolso de alguém. Cada vez que alguém se aventura a meter a mão no bolso de alguém, criam-se pruridos, resistências. Me parece que é inevitável. Mas temos de ter um pouco de piedade pelo homem, ele às vezes pode ser heroico e admirável, e em seguida te negar uma maçã. Eu vivi isso. Nós, humanos, somos muitas coisas ao mesmo tempo, algumas bonitas e outras nem tanto, mas temos que lidar com essa humanidade. E acho que a preocupação econômica está à flor da pele no conjunto das pessoas, nas sociedades em que vivemos. Agora, o problema é se no campo da política nos deixamos governar por isso. O senhor estava falando da demagogia. Para que a demagogia surta efeito ao ser transmitida, a pessoa que a pratica deve ser a primeira a acreditar nela. Ela acredita estar dizendo a verdade e aí a demagogia se torna pesada. Se for uma coparticipação, se for uma mera maldade impensada, não tem importância. O problema é quando é uma convicção. Por quê? Porque, quanto aos seres humanos, nem doutrina, nem parente, nem o Deus Razão, ninguém acreditou que nós, seres humanos, fôssemos programáticos. E temos ideias, temos a razão. Mas somos uma caixa profundamente emotiva. E a emotividade às vezes pode conduzir a irracionalidades ou não. Ou pode reforçá-las. E aqui entra a questão: hoje, na sociedade de marketing, todos os sistemas publicitários apontam para o domínio das emoções. Não para o convencimento pela razão. Estamos totalmente bombardeados por isso. Meu bisavô Robespierre estava equivocado, porque lhe tocou viver o tempo de enfrentar o mundo escolástico e acabou por se endeusar a Razão. E acredito que o ser humano seja muito mais complicado, tem a razão, mas também tem... E estou convencido de que às vezes tomamos decisões por instinto, que depois são questionadas pela consciência, mas as decisões são quase somáticas. Estamos fazendo digressões sobre isso, mas, enfim...

Sanguinetti: Mas é assim mesmo, e isso que você diz é muito importante, porque uma das utopias mais clássicas foi a de Saint-Simon, que acreditava que a política poderia se transformar em decisões objetivas e absolutamente científicas, e, como consequência, os egoísmos e as divisões políticas iam desaparecer, porque as decisões seriam as que tinham de ser tomadas.

Mujica: Infalíveis.

Sanguinetti: Infalíveis. E isso que Saint-Simon dizia, embora sem que o saibam, acontece com muitas pessoas, ainda hoje. Às vezes do lado técnico, às vezes do lado empresarial...

Mujica: Sim, sim...

Sanguinetti: ...que imaginam uma realidade objetiva e dizem: "Isto não pode ser visto de outro modo, porque isto é o que a razão me diz", sem entender que justamente a complexidade do ser humano faz com que, na vida, não apenas as razões tenham importância, mas também as paixões, as emoções, as preferências, as sensibilidades.

Mujica: Exato. E o resultado é a quantidade de coisas imprevisíveis que sempre acontecem.

É aí que a política prima sobre a tecnocracia. Ou deveria.

MUJICA: Há uma teoria de que a ciência e o desenvolvimento tecnológico criam um acúmulo de razões que praticamente não é preciso mais discutir. E é exatamente o contrário. Quanto mais a técnica progride, mais surgem alternativas passíveis de discussão. Além disso, isso pressiona no sentido da discussão e da democracia, porque, se não, acreditamos que poderíamos fazer uma instituição científica de tal maneira e funcionamos como parafusos, como uma engrenagem. E isso é um mito. Há várias formas de autoritarismo, primeiro um autoritarismo muito evidente, que é a tirania, a ditadura. Mas também existe um autoritarismo acadêmico, quer dizer, isso é assim e acabou. E logo você se vê aos trancos com a vida.

Hoje os senhores falavam da palavra *liberdade*. E a liberdade é como a dignidade, o amor, os direitos: é uma construção humana.

SANGUINETTI: A liberdade é uma relação.

Claro, exatamente.

SANGUINETTI: Não é um valor absoluto, em si.

É uma construção integradora.

SANGUINETTI: É uma relação entre meus desejos e aspirações e minhas possibilidades frente à natureza ou às sociedades humanas. Porque o homem primitivo de repente não tinha ideia da organização política, e qual era sua liberdade? Poder comer, poder viver, poder sobreviver. Sua liberdade era sua relação com a natureza, ela se media em função disso. Mas nós medimos a nossa liberdade em função...

Mujica: Mas aprendemos rapidamente o valor da cooperação. Uma característica do *sapiens*. Que o *neandertal* não tinha, obviamente. O poder de andar em grupo, em conjunto, foi o que lhe deu possibilidades.

Sanguinetti: Mas para que as pessoas se organizam? Para se proteger, só isso já começa a te condicionar. E aí começa aquilo de que você fala, que a tua liberdade se limita quando começa a liberdade dos outros.

Mujica: O sentido de liberdade e o sentido de cooperação não são antagônicos. É uma multiplicação da liberdade.

Gostaria de dizer que a liberdade somente existe com cooperação, se não, é um capricho. A liberdade seria como a possibilidade de participar da definição daquilo que diz respeito a todos e dar origem a leis, que muitas vezes são leis que se impõem sobre leis anteriores, que já não definiam a liberdade naquele momento. Quero dizer, que difícil deve ser, do ponto de vista de ter o poder, de estar no poder, e tentar levar adiante uma construção que sempre implica ser integradora. Que tentação dizer: isso é assim. Como é isso? A solidão do poder, por um lado. É real?

Sanguinetti: Cada um a vive a seu modo. Normalmente, quando se está no governo ou no Estado, nunca se pode resolver as coisas sozinho, é preciso tomar decisões, mas ouve-se alguém, ouve-se outro. Essa angústia metafísica da solidão é exatamente a responsabilidade com que se arca quando se assume determinado cargo. A responsabilidade é a de decidir, e normalmente não em solidão. Porque, de alguma maneira, sempre vamos agir em meio a uma organização de caráter mais coletivo, como o Estado.

Mas, nesses momentos, a vida também não influi? Quão importante é ter, por exemplo, uma companheira com quem conversar sobre essas coisas, quão importante é tudo aquilo que não se vê num político, quer eles o tenham ou não? Porque na vida diária aguentamos melhor as coisas e tomamos decisões também consultando pessoas que não sabem tanto sobre o que é preciso decidir. Então, como é o café da manhã na casa de um governante quando ele fala com sua companheira?
MUJICA: Não faça mistério.

Por isso, quero saber como é, então. Não há mistério?
MUJICA: Alguém já disse que não existe homem que seja importante demais. Porque, ao se conhecer o cotidiano de cada um, a vida de todos os dias...
SANGUINETTI: É assim, bem assim...
MUJICA: Você pode ser um presidente, pode ser o que for, mas sempre será uma pessoa como outra qualquer.

Sim, mas uma pessoa que quis ser presidente. Talvez Havel, em Praga, não quisesse ser presidente, mas depois a democracia não permite que os que não querem ser presidentes sejam eleitos.
SANGUINETTI: Mas você passou do café da manhã para o poder.

Sim, um pouco, sim.

Sanguinetti: Numa democracia, o poder, felizmente, é algo muito mais limitado do que se imagina. Eu costumo dizer, e alguns me criticam por isso, que, quando se está no governo, aquilo que se evita fazer é tão importante quanto aquilo que se faz.

Aquilo que não se faz.

Sanguinetti: Infelizmente, como isso não se vê, depois ninguém vai lhe agradecer por isso.

Mujica: Eu já disse que teríamos de eleger um comandante do corpo de bombeiros para o cargo de presidente, porque na verdade a função mais importante é a de apagar incêndios.

Sanguinetti: É bem assim. Numa sociedade democrática é assim.

Mujica: Claro.

Sanguinetti: Porque aspiramos a que, numa sociedade democrática, não tenhamos que intervir além do necessário para manter a ordem pública. Então é mais importante aquilo que normalmente se está evitando fazer num terreno ou noutro do que aquilo que realmente se pode fazer. E isso é sempre muito menos do que aquilo a que se aspira.

Mujica: O que acontece é que temos um modelo hierárquico, a sociedade é hierárquica. Mas o mundo está ficando cada vez mais e mais complexo. Acreditávamos que vínhamos da subordinação a um mundo feliz, com todos os problemas resolvidos, mas não. Vivemos num mundo complexo, que caminha para uma complexidade cada vez maior. E o mundo vai precisar, cada vez mais, de uma quantidade de círculos concêntricos bastante autônomos, bastante descentralizados, nos quais quem pode entrar, sobretudo, é um moderador, para que ninguém passe por cima de ninguém. Mas não uma pessoa que decida, porque é impossível. É impossível. Provavelmente vai haver até mesmo uma evolução constitucional, acho eu. Porque não vai ser por menos, vai ser por mais. Porque governar também é, antes de mais nada, e por um lado, convencer, mas, por outro lado, é preciso aprender. Aprender e aprender, cada vez mais. Então essa função... temos um esquema estamental de sociedade e me parece que a coisa não vai por aí, porque a resposta mais simples sempre vai ser autoritária, não temos que simplificar.

SORTE

A primeira terça-feira em que nós quatro nos reunimos teve a intenção de explicar aos protagonistas o enfoque de nossa proposta: a intenção de não nos determos no passado nem naquilo que já ouvimos bastante e, pelo contrário, nos lançarmos a visualizar o futuro do país e o possível legado do pensamento de ambos.

Esse primeiro encontro desembocou, depois do esclarecimento de algumas dúvidas, na aceitação mútua. Quando ligamos o gravador, surpreenderam-se com o fato de que já iríamos começar. Desligamos o gravador.

Por que não aproveitar aquela primeira oportunidade e, mesmo gravando menos do que a hora e meia combinada para cada conversa, começar ali mesmo?

Ligamos o gravador. A conversa começou a fluir e paramos na hora combinada.

Ao entrar no elevador, para descer do sexto andar do prédio em que iam ocorrer todas as reuniões, Julián Ubiría, diretor editorial da Penguin Random House, perguntou a eles como tinham se sentido.

Entre piadas e brincadeiras, Sanguinetti comentou com Mujica que tinha algumas dúvidas a respeito de qual seria, afinal, o resultado daquela experiência. Mujica o tranquilizou: "Não se preocupe, doutor, se tivermos sorte, quando terminarem o livro já estaremos do outro lado".

Segunda conversa

Terça-feira, 26 de julho de 2022

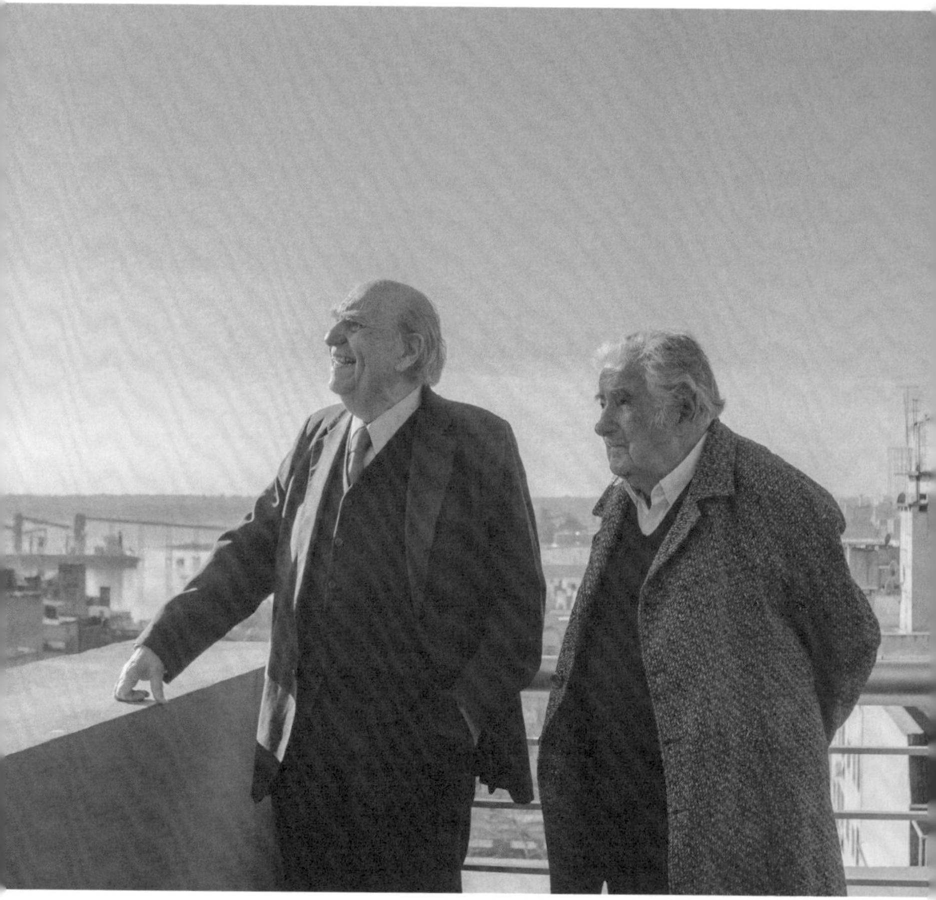

Como iniciamos?

Sanguinetti: Como quiserem. Já fomos à escola e ao liceu, o que querem agora?

Comecemos com o assunto da democracia. O que têm a dizer sobre a democracia?

Mujica: É a melhor porcaria que nós, humanos, conseguimos arranjar até agora.

Qual seria a melhor versão que poderíamos negociar numa sociedade democrática?

Mujica: Ela tem a vantagem de não se considerar perfeita, de não ser absoluta, e, portanto, de poder ser aperfeiçoada. Ou, pelo menos, deixa isso em aberto, enquanto os outros sistemas não deixam aberta nem a esperança. Mas nunca está terminada.

Isso também não é ruim.

Mujica: Curiosamente, em alguns povos primitivos existia uma democracia direta. Até pouco tempo, numa aldeia quéchua, uma vez por ano elegiam o *capanga*, numa assembleia, fazendo um balanço direto, bem simples. As sociedades modernas tiveram que cair na forma representativa e é aí que se encontra a maior dificuldade. Em que medida se pode representar? Mas, realmente, em geral, os defeitos que aparecem são os defeitos de nossa humanidade. Às vezes botamos a culpa nas instituições, mas quem falha somos nós, humanos, e não as instituições. Se as instituições não existissem... O ser humano é muito ambicioso, e acho que ainda há muito por fazer. Agora, carregamos uma herança histórica muito forte, muito forte. E expectativas muito grandes. Quando os atenienses elegeram Clístenes porque estavam à beira de uma guerra civil devido à quantidade de escravos, ele teve a ideia de libertar os escravos. Mas pediram a ele alguma compensação, para começar a vida. E ele não a dá. Por quê? Porque havia gente, havia uma oligarquia de quem tinham retirado uma propriedade e isso era algo explosivo. Mas ele começa a lhes conceder um direito: o voto na assembleia. Certamente essa democracia conheceu de tudo e teve muitos defeitos, mas durou quase trezentos anos e sucumbiu a um golpe militar. E todas as doenças que já padecemos e continuamos a padecer já estavam presentes. A demagogia, por exemplo.

A corrupção.

MUJICA: A corrupção. Tudo. Mas também as virtudes. Nunca, talvez, na história da humanidade, tão pouca gente foi capaz de gerar tanta atividade intelectual e tudo o mais. Porque havia um capital: a liberdade de falar, de dizer, de discutir. Então, acredito que não se pode comparar uma época com outra, certamente, mas pode-se aprender com as tendências humanas que já estavam ali. Agora, a democracia padece um grande dilema que é o problema da igualdade. Como combinar liberdade com igualdade? Esse apelo sempre vai existir. Se entendermos por igualdade um esquema em que as pessoas tenham o mesmo etc... Igualdade de oportunidade, igualdade de condições de começar uma vida.

Mas isso é próprio da democracia? Porque eu sempre lembro de suas reflexões depois da queda do Muro, sobre como no mundo, muitas vezes, tinha-se acreditado que o que havia terminado por se impor, de maneira consolidada, era a democracia liberal, e na verdade o que se impôs, em muitos lugares, foi a sociedade de mercado, e as pessoas acabavam pedindo à democracia algo que não era próprio dela, mas próprio do mercado. A igualdade é própria da democracia ou é mais própria do mercado?

Sanguinetti: Não vamos misturar as coisas. Hoje, efetivamente, depois da queda do Muro e de todo o mundo socialista, efetivamente o que mais se universalizou foi a economia de mercado. Até na China, que continua a ser um Estado que se diz comunista e que tem uma economia de mercado, imperfeita, mas é uma economia de mercado, ou um capitalismo de Estado. A democracia liberal [se universalizou] bem menos, bem menos. O negócio é que às vezes se interpreta mal a democracia, porque ela não nos garante um bom governo. O que a democracia nos garante é a capacidade de destituir um governo ruim por um método normal, pacífico e previsível. Por isso todas as teorias da democracia, desde a de Aristóteles até a de Montesquieu, todas falam da democracia desde a fonte, desde a origem do poder. Popper, que é um epistemólogo, argumenta ao contrário: na realidade a democracia é onde existe um método pacífico para destituir um governo ruim, e não há democracia quando não se pode fazê-lo. Então, de algum modo, é isso, a democracia são regras de jogo a fim de garantir duas coisas: uma, a maior liberdade possível para os cidadãos; a segunda, que se organize um sistema que torne essa sociedade governável, que haja um sistema eficiente de instituições que funcionem. E aí se abrem todas as possibilidades que conhecemos. Democracia parlamentar, democracia presidencialista etc. E a democracia vive uma tensão constante, que está em sua essência e que vai sempre existir. E é a tensão entre a liberdade e a igualdade. Tensão histórica, intransponível, a meu ver. Porque cada vez que alguém quis igualar tudo, no final acabou em autoritarismo, como todas as utopias que buscavam a igualdade absoluta dos homens, porque não somos iguais nem nunca seremos, felizmente, talvez. Por isso a tríade da Revolução Francesa foi igualdade, liberdade e fraternidade. Quer dizer, esse sentimento, a fraternidade, que tenta, pela via da sensibilidade, atenuar as inevitáveis tensões entre a liberdade e a igualdade, que às vezes pendem para um lado ou para o outro, e que um sentimento de fraternidade tenta, de algum modo, atenuar. Mas a tensão existe e é inerente à democracia, a meu ver.

E qual é sua opinião sobre a economia de mercado, nesse contexto?

Sanguinetti: A economia de mercado é o pior dos sistemas, com exceção de todos os outros. Volto à definição de democracia de que Mujica falou. Definitivamente, a economia de mercado é a que mostrou maior capacidade de produzir e distribuir bens do modo mais eficaz possível. E, por sua vez, ela sempre se faz acompanhar da democracia, porque é muito difícil existir uma verdadeira economia de mercado de outro modo.

Mujica: Não acredite nisso.

Sanguinetti: Sim, pode haver...

Mujica: O que está acontecendo com a China...

Sanguinetti: Pode haver, pode haver. O que acontece é que é uma economia de mercado, digamos, imperfeita. Ou capitalismo de Estado, como disse há pouco. Ou seja, é um híbrido estranho, que pode efetivamente existir. Pode haver economia de mercado sem democracia, sem dúvida. O que estou dizendo é que, de todos os sistemas... Além disso, a economia de mercado também é uma definição. O que significa? Que a economia respeita a propriedade privada e privilegia a competitividade, mas aí, através do princípio de legalidade, ela as limita e tenta governá-las. Para que essa competitividade seja real, para que essa competitividade não desnivele, para que compense as desvantagens.

Mujica: O que acontece é que o funcionamento da própria economia costuma gerar contradições contra a própria liberdade de concorrência.

Sanguinetti: Exato.

Mujica: Porque se há algo que está na cara é a tendência à concentração, e essa tendência à concentração faz com que o tubarão não deixe os bagres prosperarem. A expansão da rede Ta-Ta [de supermercados] está provocando o desaparecimento de um montão de mercados e bares; a concentração está se dando também no setor de farmácias, com a Farmashop.

Sanguinetti: E San Roque, são os donos de tudo.

Mujica: Com certeza.

Nas ferragens também.

Mujica: Nas ferragens. Esses fenômenos são... Conspiram contra o princípio de competitividade.

Sanguinetti: Adam Smith, em *A riqueza das nações*... Com Adam Smith acontece o mesmo que com Karl Marx, todos os citam e poucos os leram.

Mujica: Sim, tem uma parte de crítica a isso. Feroz.

Sanguinetti: Fala disso com toda precisão.

Mujica: Smith é um grande humanista.

Sanguinetti: Adam Smith o diz com toda precisão. E ele diz que todo empresário tende naturalmente ao monopólio, porque é sua situação ideal. E diz que o papel do Estado é garantir essa concorrência. E mais, Adam Smith chega a dizer o seguinte: quando dizem que os trabalhadores se organizam e que os empresários agem individualmente, não é verdade. Ele diz isso textualmente. Definitivamente, os empresários sempre tendem a se agrupar e a defender seus interesses.

Mujica: E terminam discutindo como vão baixar os salários, diz isso textualmente.

Sanguinetti: Sim, Adam Smith o diz textualmente.

Mujica: Mas esquecem dessa parte.

Sanguinetti: Adam Smith pergunta: qual é o papel do Estado? Diz isso num parágrafo maravilhoso. Diz: o papel do Estado é, primeiro, garantir a liberdade dos indivíduos contra as ameaças de outros indivíduos. Segundo, preservar o Estado e sua sociedade das ameaças de outros Estados e sociedades. Terceiro, fazer aquilo que nenhum ator privado ou grupo privado faria, por não ser econômico, embora seja bom para o interesse geral. Essa última frase é quase textual. Isso é o que Adam Smith diz num parágrafo luminoso, os três papéis do Estado. Agora, ouve-se falar em Adam Smith e dizem que não, ele não quer o Estado, que o capitalismo selvagem...

MUJICA: Isso é porque o resumiram numa única frase. O sujeito termina sua vida controlando a alfândega, encarregado da alfândega. Faz recomendações de caráter protecionista: é preciso ter cuidado com as exportações agrícolas, com o desabastecimento. É muito mais abrangente do que isso, mas nos dão sempre a mesma imagem dele.

Sim, sim, Sanguinetti acabou de falar em Marx, que é outro caso...

MUJICA: E Marx também. Há coisas de Marx que estão aí, a lei da concentração é evidente. Ora, o que se pode fazer? Bem, há algumas coisas que podemos aprender com esses pensadores.

SANGUINETTI: Há um livro fantástico que li no ano passado, sobre a amizade entre David Hume e Adam Smith. Hume era mais velho do que Smith e foi o grande filósofo da liberdade. Era ateu, razão pela qual nunca pôde dar aulas, todos eram escoceses, não ingleses, eram a escola escocesa. E na época a influência dos bispos protestantes o impediu de ser professor, em Edimburgo e em Glasgow, apesar de ter sido o filósofo mais importante da Inglaterra, razão pela qual conseguiu um empreguinho, que era um emprego de bibliotecário do colégio de advogados de Edimburgo. E ali ele escreveu três tomos da história da Inglaterra, que foi o que o tornou famoso, muito mais do que sua filosofia. E era um grande amigo de Adam Smith, um grande amigo. E Hume deixa todos seus papéis para Smith, para que ele os publique. Adam Smith também não tinha uma crença religiosa muito forte, mas era mais político, nunca confrontou os bispos, e ignorou o assunto. E mais, inclusive não publicou um dos papéis porque era demasiadamente anticlerical, e temia que, no fim das contas, prejudicasse ainda mais a imagem de David Hume. Mas Hume o encarregou de relatar seus últimos dias, para que os bispos vissem que ele não tinha se arrependido quando chegou a hora de sua morte. É um livro fantástico, fantástico.

Quando estávamos chegando para esta reunião, ainda no elevador, Pepe afirmou que Lucía, quando teve um problema de saúde, foi muito bem atendida. E dizia: "Não brinquem comigo dizendo que não existem classes sociais". Isso transcende a questão meramente econômica, de como a própria sociedade segrega a uns e outros de maneira diferente. Como os senhores veem as classes sociais?

Sanguinetti: As classes sociais, em seu momento, foram estamentos fixos e por isso mesmo, nas organizações primitivas, também havia todo tipo de estamentos e de classes. A Índia ainda lida com essas coisas. E a democracia pretendia, digamos assim, superá-las aos poucos, e esse é um assunto bastante confuso. Por isso mesmo, também, aquilo que Mujica falou há pouco, sobre as formas puras e impuras. Aristóteles classificava as formas como puras e impuras. A monarquia é uma forma pura, a tirania é impura. A aristocracia pode ser uma forma legítima de governo, a oligarquia não. A democracia é uma forma legítima de governo, a demagogia não. Isso é corrupção. Agora, a democracia, como dizíamos, pretende garantir a igualdade de oportunidades; isso é o que pretende. Essa é sua ambição, seu propósito. E essa é a luta constante que todos os governos, todos os Estados, digamos, nos últimos anos, têm tido para construir a forma mais justa possível de democracia. Então, bem, os liberais extremistas acreditam que isso se obtém com maior liberdade econômica; os socialistas, com a eliminação da propriedade privada; e nós, os social-democratas, que ficamos sempre no meio, em variações relativas, achamos que a grande questão é a ação do Estado para conceder a maior igualdade possível para todos. A partir disso, então, os homens nunca vão ser iguais e os resultados nunca vão ser iguais, porque é impossível.

Desde o início já não são iguais.
Sanguinetti: Bem, está bem, mas isso é o que se tenta compensar.

Exatamente.
Sanguinetti: Daí a educação pública e daí todos os esforços dos Estados com relação à seguridade social no último século.

Mujica: É inquestionável que haja diferenças genéticas, por um lado, mas é ainda menos inquestionável que, frequentemente, haja diferenças de oportunidade no começo da vida. Que já começam na barriga da mulher.

Pela falta de proteínas, por exemplo.

Mujica: Sim, e até pela falta de carinho.

Sem dúvida.

Mujica: Há uma quantidade de coisas que as ciências modernas nos ensinam... O ser humano é um animal muito emotivo, provavelmente muitas de nossas decisões interiores estão pautadas pelo próprio funcionamento orgânico. Depois a consciência encontra a argumentação para justificar o que o instinto decidiu.

Sim, mas só depois.

Mujica: Depois. O assunto é complicado. Mas não quero me perder... O fato é que as sociedades modernas têm um leque de diferenças e elas se intrometem no comportamento humano. Eu estava contando a vocês, conheço as duas pontas da coisa. Vivi em hospitais como se tivesse sido jogado no lixo e agora trataram minha senhora como a uma rainha. Mas, se ela não fosse Fulana de Tal, ia ter de esperar. E tchau, e isso é evidente e acontece em todo lugar. E não é culpa do Estado, é um estamento que está metido na sociedade. Há modos de proceder de toda a sociedade que funcionam assim. E isso talvez não esteja nos fundamentos ou nas aspirações da democracia, mas está implantado nas sociedades.

E ainda resta, e sobrevive nos sistemas republicanos, um conjunto de atavismos que, se formos rastrear, veremos que são de origem feudal.

Por exemplo?

Mujica: Quando o senhor presidente sai da casa de governo e tocam corneta para ele... É o senhor feudal que atravessa a ponte para ir caçar. E sentimos que, institucionalmente, os presidentes não são monarcas, nem a eleição que em algum momento a cidadania pode ter nos dado deveria se explicar assim, mas isso foi imposto. Está imposto no funcionamento da sociedade, não quer dizer que esteja escrito ou pautado nem nada do tipo, se pensarmos bem isso vem lá de trás e ainda sobrevive. Não acho que as repúblicas, que foram um gesto, uma gestualidade frente ao absolutismo, tenham se instrumentalizado para isso, mas sobrevive.

Sanguinetti: Quero fazer um comentário sobre isso, porque discordo um pouquinho. Eu acho que a democracia também exige rituais, porque as sociedades...

Mujica: Confúcio, você está me falando de Confúcio.

Sanguinetti: Sim, Confúcio, sim. As sociedades exigem rituais. O pai, a mãe e a família não são a mesma coisa que os filhos. E há rituais imprescindíveis. As monarquias que, em seu tempo, eram legitimadas por um direito divino estavam além de qualquer ameaça. Quanto às democracias, sabemos que geram um poder precário, limitado temporalmente e limitado substancialmente, então, consequentemente, cercá-las de uma certa distinção...

O senhor chama isso de liturgia.
SANGUINETTI: Exatamente, liturgia. Quer dizer, uma organização ritual, a serviço da instituição. Para dar-lhe um ar de respeitabilidade, um ar de decoro, um ar de que, sendo igual aos demais enquanto cidadãos, seu papel é diferente. E se pensarmos agora nas mentalidades, o assunto da mentalidade feudal, que, como muito bem explicam Marx e Engels no *Manifesto comunista*, a burguesia destruiu a mentalidade, o sistema feudal, e por isso vemos...
MUJICA: Destruiu, mas deixou a peruca numa série de coisas.
SANGUINETTI: Mas a peruca é posterior ao feudalismo, o feudalismo era elmo e espada.
MUJICA: Exatamente, porque as classes sociais têm idades. Os senhores dos séculos VIII ou X não são os mesmos do século XV.
SANGUINETTI: Claro. A peruca veio bem depois. Então, o que acontece? São mentalidades muito diferentes e há preconceitos que subsistem; alguns são feudais e outros são anteriores. Porque, naturalmente, a burguesia transforma os valores do feudalismo. Sem dúvida. Mas persistem, imperceptíveis, muitos dos valores das aristocracias, o que se chama de preconceitos de ofício e preconceitos de sangue. Marta tem um livro sobre isso.

El bien nacer.
SANGUINETTI: Sim. Então o preconceito de sangue é o que atravessa a história, pelo menos da Espanha até nós. Quer dizer, quem era mouro, quem era judeu, e a pureza

do sangue, e quem tinha menos sangue mouro ou judeu. E depois há o preconceito de ofício, que vem justamente do pensamento aristocrático, vem do senhor feudal e, depois, das aristocracias posteriores à monarquia. É o ideal nobiliárquico, não é o ideal burguês.

Mujica: Claro.

Sanguinetti: A sublimação do ideal burguês seria a riqueza, porque o burguês é um comerciante ou um profissional. Por isso a cidade se chamava *burgo*. Enquanto o outro é o que, por sua linhagem, não aspira a trabalhar nem a que sua condição melhore por meio do trabalho. E isso ainda subsiste. Sobretudo em nossa mentalidade, quanta gente não sonha em tirar a sorte grande para depois não fazer nada e se sentir um duque.

Mas, Pepe, o senhor demonstrou que não está de acordo com a liturgia da democracia, de suas formas.

Mujica: Eu posso entender a liturgia em relação a um símbolo, até em relação a uma mesa, uma escrivaninha, um edifício. Mas não em relação a um ser humano. Porque entendo que é preciso haver certos símbolos. Por que temos a bandeira? A bandeira é um pedaço de pano, mas através da bandeira entendemos algo que nos une. Mas, do ponto de vista humano, me parece meio que uma grosseria, é uma sobrevivência das sociedades piramidais que governaram a humanidade desde tempos imemoriais. Posso, claro, aceitar o "rei morto, rei posto", a instituição, posso, sim, mas não os indivíduos em si.

SANGUINETTI: Aí temos uma pequena diferença, porque eu acho, por exemplo, que nosso Palácio Legislativo é um símbolo, é um ritual...

MUJICA: É um lindo ritual...

SANGUINETTI: Para termos 120 parlamentares não é preciso um palácio. Podemos colocá-los em qualquer edifício igual a este aqui ao lado. No entanto, acho que todos estivemos de acordo, em nossos momentos, e acho que continuamos a concordar que essa simbologia do grande palácio mostra a majestade da lei, mostra o valor do voto cidadão. Porque supõe-se que seja uma homenagem, um monumento a isso, ao voto cidadão, que elegeu os que ali estão para ditar as leis gerais. Por isso, me parece que, quando falo de rituais e de símbolos, acredito que na democracia são ainda mais importantes do que nos outros sistemas.

Mas entendo a diferença, porque Mujica falava do aspecto material, da mesa, no palácio, sim, mas no humano não...

MUJICA: Sim, sim, para mim a questão é com os indivíduos, porque justamente é, para mim, a negação do republicanismo que nasceu, de que ninguém é mais que ninguém. O palácio, a instituição, a escrivaninha, a bandeira... Mas não a pessoa. São questões...

SANGUINETTI: Naturalmente. E logo as pessoas... cada um é diferente e cada individualidade vive sua própria vida ou não encara as coisas do mesmo modo...

MUJICA: Agora, os rituais estão aí, quando se olha para os chineses é uma coisa que assusta. Fizeram um culto do ritualismo, com e sem o comunismo. E existe muito disso em todas as sociedades.

Me chamou a atenção o que o senhor disse sobre o ritualismo, que era mais importante na democracia do que em outros sistemas. Porque eu achava que nos regimes comunistas eram muito...

Sanguinetti: Sim, porque, como todos somos iguais, e naturalmente tendemos ao igualitarismo, que não é o mesmo que a igualdade; na democracia, desde que todos tenhamos partido dos mesmos direitos, o ritualismo é necessário para o fim de estabelecer que é só um que governa, e os outros são governados. Governados democraticamente, claro, por isso homenageamos a cidadania com um palácio legislativo. Na Europa é diferente, porque o palácio é o que vem das monarquias. Aqui no Uruguai, e isso não é negligenciável, é um valor simbólico importante, quando alguém diz "o palácio" já se sabe que é o legislativo, e não a casa de governo.

Mujica: Bem, está bem. São pontos de vista. O que eu considero é que o ritualismo hierárquico tende a... uma coisa é respeitar quem governa e outra coisa é a submissão que deriva daí, que me parece diminuir a própria democracia.

Sanguinetti: A submissão é horrível sempre, porque quem é submisso àquele que governa, àquele que tem dinheiro... A submissão é sempre uma coisa triste.

Mujica: Sim. Porque quem tem olhos para ver se dá conta de que está sendo enganado. Que há um ritualismo que costuma ser enganoso, com o fim de dissimular as vantagens que estão ao redor de quem exerce o poder. Vi que quem está... aconteceu comigo na Casa de Governo... Havia um orçamento, e parece que havia o costume de que, quando sobrava alguma coisa, se repartia, e eu disse: "Eu não reparto nada". Armou-se uma tremenda discussão. Porque aprendi isso, os que estão mais perto do doce sempre beliscam mais. Claro, a Bíblia diz que o boi tem de comer do trigo que debulha, mas...

Sanguinetti: Mas isso não é uma consequência da formalidade. É consequência dos apetites humanos.

Mujica: Claro, claro, por isso eu não implico com a instituição. Foi quase a primeira coisa que falei.

Sanguinetti: Certamente. Esses somos nós, os humanos.

Mujica: Claro. Por isso foi quase a primeira coisa que falei.

Sanguinetti: É a velha história de que aquele que tem um poder tende a abusar dele, e às vezes o pequeno poder também pode abusar.

Mujica: Também.

Sanguinetti: O abuso é menor, mas está ali. E, sim, é o pequeno abuso, como você diz.

O poder. Ser presidente. Sente-se o poder de ser presidente?

Sanguinetti: Olhe, cada um o vive como...

Mujica: Como pode...

Sanguinetti: Como o que for. Nós temos histórias distintas, então talvez o vivamos de modo diferente. Eu fiz política minha vida inteira e estive envolvido na política, perto do poder, consequentemente, do poder democrático, como consequência de minha vida política e de minha vida jornalística, me formei sob um grande líder democrático, como era don Luis Batlle, por exemplo... Sempre tive uma noção muito clara, primeiro, do quanto o poder democrático era efêmero, temporal e limitado... Porque, depois que se tem o poder, quem não tinha consciência disso a adquire, a consciência de que a capacidade de fazer as coisas é sempre muito menor do que aquilo que realmente se pode fazer...

Mujica: Mas claro, claro...

Sanguinetti: Por isso eu sempre digo, e às vezes alguns me criticam por isso, eu digo que, normalmente, nos governos democráticos, é mais importante o que se evita fazer do que o que se consegue fazer.

Mujica: E me parece que há uma evolução crescente no sentido de diluir o poder hierárquico na complexidade que as sociedades modernas têm cada vez mais.

Sanguinetti: E aí está o poder da burocracia.

Mujica: De diversas burocracias.

Sanguinetti: Certamente.

Mujica: Porque a gente se vê... de fato vão se formando verdadeiros guetos institucionais especializados: o ensino é um mundo, a saúde é outro mundo, a indústria é outro mundo.

O senhor passou por isso?

Mujica: Todos passamos por isso.

Mas já sabia que ia ser assim?

Mujica: Talvez. Talvez o problema que os governos venham a ter no futuro seja o de procurar fazer com que alguma dessas frentes não se sobressaia demasiadamente às outras, procurar manter o equilíbrio.

Que a rede Ta-Ta não fique com tudo.
Mujica: Claro, evidentemente. E depois disso vem a briga, se é para regular ou não é para regular.

Mas em poucos anos, desde seu primeiro governo, Sanguinetti, até o governo de Mujica, e o senhor no meio disso teve outro governo; foi tão evidente essa transformação?

Sanguinetti: Não, mas, como eu dizia, eu nasci dentro da vida política, dentro da vida do Estado. No meu caso, muito cedo, quando cheguei à presidência vínhamos de dez anos de ditadura, mas eu tinha sido ministro duas vezes. Jovem, mas tinha sido ministro, já sabia o que era o Poder Executivo, sabia o que era a administração pública, já tinha vivido isso. Então eu tinha consciência de suas prerrogativas, mas sobretudo de seus limites. Mas, como bem disse Mujica, a sociedade é cada vez mais complexa, o Estado é cada vez mais complexo, e a burocracia, como Max Weber nos explicou há um século, adquire vida própria. E, efetivamente, a margem de ação vai se tornando menor, e a opção do governante se situa numa margem relativamente estreita, porque todo o resto já está dado. Falemos do orçamento, por exemplo. Se tomarmos o orçamento do Estado e somarmos os salários, que são inevitáveis, e somarmos as aposentadorias, que são inevitáveis, e depois somarmos o pagamento dos juros da dívida, qual é a grande margem de ação que se tem? É bem mais limitada do que parece.

Mujica: Sim. E, além disso, a evolução internacional, os acordos internacionais, de que às vezes gostamos e outras vezes não, mas estão aí, e é melhor respeitá-los porque em

geral sai mais barato respeitá-los... Isso vai limitar as decisões que um governo pode tomar, e, além do mais, o aparecimento de novos... Daqui a algum tempo vai existir uma justiça ecológica ou do meio ambiente, e isso vai ser complicado.
SANGUINETTI: Já existe.
MUJICA: Claro, já existe, mas vai se desenvolver cada vez mais, porque é inevitável...
SANGUINETTI: Recarey, outro dia, obstruiu uma *rambla*. [Referência à sentença do juiz Alejandro Recarey, que dias antes tinha decidido suspender uma obra na *rambla* de Punta Colorada, no departamento de Maldonado, por causar "dano" ao meio ambiente.]
MUJICA: E a civilização digital, com tudo o que traz e com o apoio da inteligência artificial, sei lá!... Então dá para ver que, na verdade, a governança das sociedades vai ter diversos centros e que talvez o poder dos executivos seja buscar o equilíbrio, mais do que determinar as coisas. O que me preocupa em relação a nós, um país pequeno em termos demográficos, com o problema que temos, me faço esta pergunta, não quero entrar no debate sobre a questão das aposentadorias, minha pergunta é: o que vai acontecer dentro de vinte, 25 anos? E eu cheguei a esta conclusão: o Uruguai vai ter que subsidiar fortemente o crescimento demográfico, ou teremos consequências sociais terríveis. Mas subsidiar significa ter recursos. E, sem recursos dedicados a isso, se não atentarmos para o problema desde agora, como fizeram os noruegueses e outros, não vai haver resposta. É um problema quase trágico que o Uruguai tem. Porque,

como dizia Sanguinetti ao falar do orçamento, sempre falta. Para gastar sobra, e demandas também sobram.

O senhor está de acordo? Eu percebo que a questão da demografia, vinculada à da seguridade social, é cheia de arestas: tem a ver com a pobreza, com a produção, com a educação, com a capacidade que poderemos ter, sendo tão poucos, de financiar um sistema no qual é preciso manter cada vez mais pessoas. Não é esse o principal problema que o Uruguai enfrenta? Ou há outro mais importante?

SANGUINETTI: Há um problema que o mundo inteiro está enfrentando, aquilo a que Mujica se referiu há pouco, que é a passagem da sociedade industrial e pós-industrial para a sociedade digital. Ou seja, estamos passando por uma mudança civilizatória. A propriedade é outra. A riqueza é outra. Quando éramos jovens, os poderosos do mundo eram os Ford, donos da fábrica de automóveis, ou os Krupp, das siderúrgicas, ou os Rockefeller, dos bancos. E hoje sabemos que todos esses passaram para a história. E que hoje os poderosos são uns jovens que saíram do nada e que se chamam Bill Gates ou Zuckerberg, ou que nome tenham, e hoje são os poderosos que nos fazem tremer com o Google ou com o WhatsApp e o poder gigantesco que possuem. Portanto, estamos passando por uma mudança civilizatória que está desafiando todas as sociedades, não apenas o Uruguai. Vamos só imaginar, colocando o assunto em perspectiva. Se olharmos para o que foi o retrocesso relativo da Europa, e mesmo dos Estados Unidos, embora menor, frente à concorrência asiática, isso está nos falando da mudança civilizatória.

Mujica: Há uma reacomodação.

É um fato.

Sanguinetti: Já mudou. Ou seja, vejam vocês que paradoxo, a liberdade comercial é a grande construção do Ocidente. E quem mais ganhou com a liberdade comercial? A China. O grande vencedor da liberdade comercial inventada pelo Ocidente foi a China. E não o Ocidente.

Mujica: O Ocidente está é sofrendo mais com isso.

Sanguinetti: Por isso é que eu digo.

Mujica: Está sofrendo e tentando se organizar para freá-la.

Sanguinetti: Sim, por isso é que eu digo. Isso está nos falando, portanto, de uma mudança civilizatória e de como eles deram um salto civilizacional muito rápido e estranho, se quisermos. Porque, hoje, vejam que a concorrência dos Estados Unidos com a China, que antes imaginávamos como uma multidão de chinesinhos trabalhando por um salário baixo, hoje ela é tecnológica. Então, o problema dos Estados Unidos é a Huawei. Eu fico triste quando vejo o presidente dos Estados Unidos dizer que a Huawei é um assunto estratégico para o seu país. Uma empresa, uma empresa na China, é um assunto estratégico para a maior potência econômica e militar do mundo! Quer dizer, a concorrência está no setor da alta tecnologia de comunicação. Agora, o que está acontecendo com o Ocidente? A Europa, não há dúvida, tem o melhor nível de vida do mundo. Ninguém vive melhor do que os franceses, ou os alemães, porque conseguiram construir uma sociedade muito mais equilibrada do que a norte-americana, e sem dúvida muito mais do que as do Oriente. O que nos põe frente a outra situação muito dramática, de como a Europa, com seu Estado de bem-estar social inquestionável e com seu modo de vida inquestionável, que no fundo é onde aspiramos chegar, está em crise frente a essa concorrência de um Oriente que deu um salto histórico muito paradoxal e muito surpreendente. Isso não é pouca coisa.

Mujica: Não, não é pouca coisa.

Sanguinetti: Para além da nossa situação, sem dúvida. O que acontece é que nós, se continuarmos com esse nível demográfico, vamos acabar como uma peça de museu. Terão que botar um uruguaio num museu de antropologia.

Mujica: Espécie em extinção.

Sanguinetti: Espécie em extinção.

Mas, além de se modificar a demografia, por mais que a tendência se inverta, não será uma coisa imediata.

Sanguinetti: Não, não. E tampouco vai se modificar.

Mujica: O fenômeno pesado que há no horizonte é que, lá pelos anos 50, 60, metade da humanidade está na África. E o resto são os outros, se as tendências continuarem assim. O que está claro é que, à medida que uma sociedade se desenvolve, a natalidade diminui. E que a alta natalidade é uma resposta dos pobres. E é assim.

Sanguinetti: É assim.

Inclusive o senhor comparava isso com as grandes empresas, mas, outro dia, quando lhe perguntei se nunca mais teríamos um reformista, um Pepe Batlle, um Batlle y Ordóñez, uma revolução assim, o senhor me disse: "Não, porque no terreno das ideias e da política a sociedade avançou muito, e agora a revolução é tecnológica".

Sanguinetti: São tempos históricos distintos. Então a demanda histórica e social é distinta. Numa época, qual mesmo? Digamos que, no final do século XVIII, do XIX, era a liberdade, essa era a grande demanda. Estavam dispostos a tudo pela liberdade, e daí saíram as revoluções liberais burguesas. Primeiro a norte-americana, depois a francesa, a holandesa, por aí, e depois Napoleão fez a bagunça que fez, conquistou a Espanha e Portugal, e aí ficamos nós, soltos. Quer dizer, a grande demanda naquele momento era essa. Naquele momento não havia reformistas sociais. A grande questão eram os heróis da liberdade. Ou seja, cem anos depois, com sociedades que tinham crescido, populações que tinham aumentado, exigências e possibilidades próprias da revolução industrial que podiam ser acessadas, então aí vêm as outras demandas. As da reforma social, porque a mudança civilizatória que havia levado à revolução industrial assim o impunha e exigia. E isso acontece na Europa e em nossa sociedade. Hoje a questão não é o reformismo social, ao contrário, é como vamos conseguir, nesta sociedade digital, ter êxito suficiente para que nossos recursos nos permitam manter – e, em nosso sonho, desenvolver – as conquistas sociais que já obtivemos. Por isso digo que esse é o maior desafio dos países europeus que conseguiram um maior desenvolvimento, como sonhamos para nossas sociedades. Embora agora isso esteja ameaçado por outros fatores, como a imigração e outros, de outro tipo. Então é essa a questão. E hoje o herói é aquele que conseguir inventar um modo de nos incorporar a isso, e é aí que chega essa tropa de jovens que vai aparecendo, e que são os que temos que formar, que não somos nós. Nós somos analfabetos em relação a esse mundo. Às vezes eu leio sobre os unicórnios, estes famosos, estas empresas que aparecem, que na Argentina já são muitíssimas...

Aqui também tem.

SANGUINETTI: Há uma ou outra, que depois são vendidas. E eu tenho de ler três vezes o jornal para entender o que eles fazem. Porque não há nada material. Mas o que é que fazem estes jovens? Vamos ver, leio de novo. O que estão vendendo? E a gente custa a entender.

Mujica, o senhor está de acordo com isso? Com o fato de que, se há uma nova revolução, ela é tecnológica?

MUJICA: Que a revolução é tecnológica eu não tenho dúvida, o problema é que aparecem novos tipos de demanda e o progresso fantástico de bens materiais está criando uma espécie de inconformismo ritual permanente. Mesmo em sociedades relativamente abastadas.

Nada basta, nada é suficiente.

MUJICA: É uma história sem resignação, sem aceitação. Eu vejo os resultados eleitorais de alguns lugares. Chego à conclusão de que há uns trinta ou quarenta por cento de pessoas que estão votando contra o que está aí e não têm nem ideia a favor do que exatamente estão votando. Porque eu não vou me convencer de que o México, com a votação que teve este fenômeno, que o México é filho da esquerda. Não, votaram contra o que havia. E foi isso que se apresentou. E de repente votam em Bolsonaro. Há uma margem muito flutuante… O que aconteceu na França, o desaparecimento de partidos políticos e tudo o mais.

Sanguinetti: O socialismo e o gaullismo não existem mais.

Mujica: Não existem mais.

Sanguinetti: Os dois grandes partidos.

Mujica: Então há um inconformismo muito grande na sociedade. Se vai chegar a se transformar em revoluções, não sei. Mas há um ponto em comum que eu percebo em todos: nas universidades, em Istambul, em Oxford, em Harvard, na UNAM do México, há um grupo de estudantes fortemente inconformista, e eles são os trabalhadores do futuro. Depois vão acabar trabalhando numa multinacional, domesticados… Mas não sei. Não sei. Há um inconformismo muito forte que não sei em que vai desembocar… não sei. E o outro problema é que estamos num mundo com fronteiras cada vez mais frágeis, onde tudo se internacionaliza enormemente e com uma mudança de valores que me deixa com muitíssimas dúvidas. Não acho que seja uma história de futuro assim, previsível e retilínea, me parece que haverá traumas, para o bem ou para o mal. Porque o progresso humano, inclusive o institucional, é sempre precedido por horas de tormenta, e, neste mundo digital que avança, como as massas do futuro irão se expressar? Porque é uma mudança de paradigma brutal da sociedade...

SANGUINETTI: Sem dúvida...

MUJICA: Há multidões unidas por um telefone. Então, para mim, as coisas não estão nada claras, mas não vejo a humanidade satisfeita.

SANGUINETTI: Eu resumiria assim a insatisfação: o cidadão contemporâneo é um consumidor nunca suficientemente satisfeito, um contribuinte que sempre reclama, seja o mais rico porque paga imposto de renda, seja o mais pobre porque paga o IVA [imposto sobre valor agregado], mas é um contribuinte que sempre se queixa dos impostos que lhe cobram para financiar o que ele mesmo reivindicou. Em terceiro lugar, que é talvez o mais perigoso, temos um trabalhador muito inseguro, que perdeu o emprego da vida toda, que sente o chão se mover sob seus pés, o que gera nele uma enorme sensação de insegurança que se transfere também ao jovem que olha para sua educação e para um mercado de trabalho totalmente inseguro. Quando eu entrei na faculdade, quando estava na faculdade, de repente algum de meus colegas entrava para o Banco Comercial e nós dizíamos: "Bah, este tirou a sorte grande".

MUJICA: Resolveu a vida.

SANGUINETTI: Tem emprego para a vida toda, está tranquilo para sempre, e nós ainda aqui, lutando, trabalhando como advogadozinho ou, no meu caso, fazendo jornalismo enquanto estudava, e tudo o mais. E um outro ia para Paysandú e se sentia fantástico, tinha trabalho no [engenho]

Azucarlito, tinha trabalho na [empresa têxtil] Paylana. E pronto...

Mujica: Esse mundo já não existe.

Sanguinetti: Esse mundo desapareceu, e hoje o trabalhador vive sobre areia movediça. Então como é que isso não vai gerar inquietação? Mas o que vemos agora é que o sujeito é um consumidor que tem muito mais para consumir do que antes, e consegue, mas nunca é suficiente. Como consequência de tudo o que tem, também tem de pagar mais impostos.

Mas não quer.

Sanguinetti: Não quer. Quer ter os bens que o Estado precisa prover, mas não gosta de pagar impostos. E talvez o mais arriscado de tudo, o mais difícil, porque é produto da mudança tecnológica, é que se uns jovens inquietos, como este Zuckerberg, fizeram o que fizeram assim, do nada, a gente se dá conta do que era a insegurança dos que foram os grandes de outros tempos. Prestem atenção em nossa pequena aldeia, neste rapaz, Galperin [Marcos Eduardo Galperin, empresário argentino, fundador, presidente e diretor executivo da Mercado Livre e herdeiro do curtume Sadesa] que inventou a Mercado Livre. Eu o conheci quando era jovem, depois não o vi mais. Em algum momento conheci seu pai, que era um dos donos da Paycueros e tem uma fazenda em Rocha que dizem que é fantástica. Falei por telefone com ele alguma vez. O filho, se bem me lembro, estudou aqui e depois foi para Londres, e um dia aparece em Buenos Aires com uma coisa que para nós parecia uma besteira, a Mercado Livre, um sistema de informática...

O que é isso? E o sujeito, aqui em Montevidéu, tem uns mil empregados. E construiu um império a partir do quê? Do nada. Então estes são os novos atores, e estão tirando o lugar de outros. Porque esse é o grande problema.

Bem, nós todos aqui temos mais de cinquenta anos, os senhores um pouco mais, mas nós também já passamos dos cinquenta. Eu os ouvia e pensava em alguém de vinte anos que vai ler o que vocês estão dizendo num livro e pode pensar: eles já não serão meus presidentes, nenhum dos dois vai ser meu presidente, gosto da análise que estão fazendo, mas me dá muita insegurança. Conheço pessoas de vinte e poucos anos que estão muito nervosas, preocupadas com a vida amorosa, a vida em família, o futuro do planeta, e desejam ter, além do diagnóstico, algum indício sobre como encarar tudo isso...

SANGUINETTI: O grande risco é que o medo da liberdade, como dizia Erich Fromm, os leve a procurar uma autoridade excessiva, para que a autoridade lhes garanta...

A segurança.

SANGUINETTI: O mínimo de segurança, em troca da liberdade.

MUJICA: É o chamado conto do vigário, o de voltar para uma sociedade estamental.

SANGUINETTI: Certamente, o pacto fáustico.

E o que precisamos fazer neste país tão pequeno...?

SANGUINETTI: Precisamos nos educar, nos formar e pensar que temos de lutar neste território, e sobreviver na sociedade digital. Nosso problema é sobreviver na sociedade digital.

Então o Estado deveria fortalecer algumas áreas, além da educação em geral, especificamente o digital, a ciência...

SANGUINETTI: Sim, sim, e estamos fazendo isso, felizmente.

MUJICA: Mas há uma parte que toca a nós. Ninguém vai resolver os problemas por nós. Não existe a solidariedade internacional, mas existe o medo. Porque algo que o doutor Sanguinetti falou sobre a prosperidade da Europa... A Europa viveu um dilema terrível, mas houve o medo vermelho. Teve um capitalismo inteligente, que concedeu direitos sociais, precisam ver o que é a constituição alemã de 1949, tem pouco a ver com a norte-americana. Porque havia um perigo, o perigo do avanço vermelho e tudo o mais. E o capitalismo da época pensou e foi reacomodando, e, passado o susto, puderam florescer... Agora estou assustado com o que está acontecendo na Europa, na Itália está para ganhar a eleição uma figura que, Deus me livre, é uma loucura.

SANGUINETTI: Uma loucura, uma loucura, uma loucura...

MUJICA: Dona Merkel era uma senhora conservadora, mas era vista como uma deusa.

SANGUINETTI: Conservadora, mas séria.

MUJICA: Séria, claro.

SANGUINETTI: Eficiente.

MUJICA: Mas claro, claro, eficiente.

Negociadora.

MUJICA: Negociadora e com uma visão global. Agora a Europa está deprimente do ponto de vista político, é uma coisa incrível.

SANGUINETTI: Horrível, sim, sim, veja a Inglaterra. Vocês sabem que eu acabei de ler o livro de Boris Johnson sobre Churchill. Marta o estava lendo e eu disse a ela: "Você está lendo esse maluco?". Ela me disse: "Olha, alguém me falou que o livro não é nada mau". E ela o leu. Marta nunca gosta de nada, sempre implica com tudo. Ela o leu e me disse: "O livro é bacana". Eu disse: "Ah, não brinca". "É bacana", ela disse, "se você olhar para ele como um livro de história clássico, aí não, não tem nada a ver". É o livro de um Boris Johnson como o típico acadêmico de classe alta britânico, muito engenhoso, humorístico, que descreve o personagem da sua admiração, que é Churchill, e o faz de modo diferente do de um relato biográfico organizado. O sujeito narra e comenta. Por exemplo, num certo capítulo, descreve todos os fracassos de Churchill. Desde 1914, é um desastre, diz, alguém responsável pelo desastre militar de Galípoli está enterrado para o resto da vida, e, no entanto, este sujeito reaparece. E depois tem outro desastre, e reaparece.

MUJICA: Ele tinha umas dez ideias por dia. E nove eram uns disparates.

SANGUINETTI: Claro, mas era um fracasso espantoso. E ele conta como, fracasso após fracasso, ele ressurgia. Depois comenta aquelas frases que são atribuídas a Churchill, e uma delas ele diz que *procurou saber*, mas parece que ele nunca a disse, e aquela outra tampouco. Diz que, afinal, acha que ele não tinha tanto bom humor como acreditava... No fim das contas é mais uma conversa como esta que estamos tendo aqui do que qualquer outra coisa, então, finalmente, eu o li. A verdade é que o livro me divertiu, chama-se *O fator Churchill*. Então, em cada episódio, ele analisa quanto pesa o fator Churchill e quanto pesa o fator histórico ambiental. Ou seja, qual é a influência de Churchill como homem e qual a do ambiente. Por exemplo, fator Churchill em Galípoli: ambiente zero, fator Churchill dez, todas as mancadas foram dele. Em outros casos, por exemplo, quando ele vira ministro das Finanças e cria o padrão ouro, que foi outro desastre, outro desastre fantástico, explica o quanto pesou o fator Churchill e o quanto pesaram as ideias da época. Um personagem...

Para finalizar nossa conversa de hoje. Fiquei pensando que os senhores estavam falando bem de Merkel. Merkel, como vocês, também dedicou toda sua vida à política, desde muito jovem começou a trabalhar com política. Os senhores acham que há uma diferença entre as pessoas como vocês, que desde pequenos abraçaram essa missão, e dirigentes mais novos, mais ou menos arrivistas, ou que vêm de outro mundo, mais acadêmico, como o próprio Boris Johnson?

SANGUINETTI: Hoje está acontecendo uma coisa muito curiosa, porque...

MUJICA: O senhor está como Fidel, usando dois relógios...

SANGUINETTI: Hoje me aconteceu uma coisa fantástica, acordei e havia... Tinha certeza de que havia ajustado o despertador para as 7h50, porque nos dias de ginástica ajusto para as 6h40. Acordo e vejo que são 6h10 e o despertador já tinha tocado, e depois, quando fui ver, me dei conta de que eram 8h e que o relógio estava sem a coroa que mexe os ponteiros. Então digo para Marta: "Você tem algum digital?". "Sim, este que um amigo me deu de presente há pouco, muito bom, e também este velho Seiko que compramos em sessenta e não sei quanto, na primeira vez que fomos ao Oriente e os Seiko estavam na moda." "E funciona?" "Sei lá!" E agora eu botei o relógio para ver se funciona. É é ótimo. Por isso uso dois e pareço um louco. Fantástico, incrível este Seiko. Tem uns cinquenta anos, eu o usei por trinta anos, depois o abandonei, mas...

Mujica: Genial, genial...

Sanguinetti: Bem, o que fazemos? Paramos por aqui e continuamos outro dia? Hoje já filosofamos bastante.

Mujica, o senhor tem alguma coisa pendente para dizer?

Mujica: Não. Sei lá...

Sanguinetti: Ah, isso dos *outsiders*...

Claro, fiquei pensando que agora tem gente que chega de outra maneira à política, os senhores começaram aos catorze, quinze anos...

Mujica: Mas a sociedade é diferente, aquele era um tempo no qual, em geral, os jovens pensavam que iam comprar uma casa. Isso agora nem lhes ocorre. Agora querem viajar.

Sanguinetti: É assim. Nem pensam nisso.

Mujica: Estão em outra.

Sanguinetti: Nós nos casávamos e tínhamos o sonho da casa própria, o ideal pequeno-burguês. Hoje a rapaziada não está nem aí para a casa própria.

Mujica: Não, estão em outra.

Sanguinetti: Pensam… a primeira coisa é o carro.

Mujica: E não digo que seja melhor ou pior, só digo que é diferente. O plano de construção mais gigantesco que já existiu neste país, no Cerro, La Teja, em La Unión, foi o dos trabalhadores que compravam um pedacinho de terra e iam fazendo uma casa aos poucos, em dez anos. É fabuloso o que fizeram.

Sanguinetti: É assim. Com certeza.

Mujica: Construção autônoma, é fabuloso o que fizeram. Isso era comum, e, quando eu era pequeno, íamos comer um churrasco nestes bairros, nos fins de semana. A *planchada* clássica. Não existe mais isso.

Chamava-se *planchada*.

Mujica: Não existe mais, ninguém mais constrói uma casa por conta própria. O mundo mudou.

Sanguinetti: O mundo mudou e, além disso, a comunicação mudou e a consequência é que aparecem fenômenos publicitários ou personagens…

Mujica: Eu acho que a sociedade do marketing exerce uma pressão permanente sobre o indivíduo. Acho que é um sistema que tende a gerar uma cultura subliminar, não necessariamente consciente, funcional para si mesma. É totalmente lógico que na Idade Média as pessoas fossem educadas com a ideia de que a vida era um vale de lágrimas e que era preciso se comportar para chegar ao paraíso. E agora a política de acumulação precisa que sejamos compradores contumazes e que vivamos sempre a comprar coisas novas. O consumismo é funcional à acumulação e tem uma energia criadora brutal, porque por trás disso se fazem sacrifícios, os trabalhadores da saúde conseguiram as seis horas, mas não há um único trabalhador da saúde que trabalhe em um só lugar, trabalham doze horas. Adeus oito horas, e tudo foi para o espaço.

Sanguinetti: É assim. E é o que eu estava dizendo há pouco, satisfazem-se mais necessidades, mas nascem outras.

Mujica: Agora, isso é funcional ao próprio sistema, convém a ele.

Sanguinetti: Assim é.

A BATALHA

Todos os encontros se caracterizaram pela boa vontade dos ex-presidentes. Tivemos que adiar os encontros de algumas terças-feiras por motivos de força maior – a apresentação de um livro de Sanguinetti, uma gripe inconveniente de Mujica e o desafortunado acidente doméstico de Lucía Topolansky –, mas ambos sempre deixaram claro seu compromisso com o projeto, comparecendo aos encontros com disponibilidade e bom humor. Houve muitas risadas ao longo das conversas, deles e nossas, mas decidimos excluí-las da edição final. Preferimos que os leitores encontrem as intenções dos entrevistados naquilo que foi dito.

No entanto, que este episódio sirva para avaliar o espírito reinante nessas terças-feiras: era inverno e estava fazendo muito frio. No final do encontro, estávamos vestindo nossos casacos para sair da sala e ir para a rua. Vimos Mujica tentando vestir um sobretudo que oferecia alguma resistência. Ensaiamos sair em sua ajuda, mas Sanguinetti se interpôs: "Na batalha entre o homem e o sobretudo", anunciou seriamente, "sempre é preciso ficar do lado do homem", e ajudou seu colega a cumprir sua missão.

Entre risos, os dois saíram caminhando em direção ao elevador, lembrando da época em que se usavam capotes. "Eram melhores", concluíram.

Terceira conversa

Terça-feira, 2 de agosto de 2022

Da última vez terminamos falando do sistema democrático e da economia de mercado. Queremos retomar esses assuntos e a questão da liberdade de um outro ângulo; vamos ver se é possível. Quando se fala em ditaduras e se dá como exemplo Cuba, se diz: sim, perderam algumas liberdades, mas têm uma boa educação ou uma boa saúde. O que acontece, então, quando a democracia e a economia de mercado privam as pessoas da liberdade de tomar decisões, não apenas devido à pobreza material, mas também devido à pobreza intelectual, à marginalidade? Essa falta de liberdade gerada pela democracia não é equiparável, de alguma maneira, à falta de liberdade de uma ditadura?

Sanguinetti: Eu acredito que a democracia não gera essa perda de liberdade, primeiro porque não podemos chamar a isso de perda de liberdade, podemos chamar de outra coisa, podemos de repente chamar de desigualdade, mas não de perda de liberdade. É outra coisa.

Por exemplo, as pessoas que crescem com apenas umas poucas palavras para se expressar, por falta de oportunidades, também perdem liberdades.

Sanguinetti: Para começar, as liberdades nunca são absolutas. Todas as liberdades são relativas, a liberdade em estado absoluto não existe, e ficou claro que, quando se perdem as liberdades, digamos, básicas, que protegem a democracia, a experiência mostra que não se conseguiu nem mais prosperidade nem uma liberdade melhor; essa é a experiência histórica. O erro é acreditar que a democracia é um sistema perfeito e, em segundo lugar, achar que a democracia garante um bom governo, porque isso depende dos cidadãos. O que a democracia nos garante é a liberdade de nos livrarmos de um governo de que não gostamos por meio de um método pacífico.

Essa é a única liberdade que importa?

SANGUINETTI: Não é a única, é um conjunto de liberdades: a liberdade intelectual, a liberdade de criar, a liberdade de pensamento, a liberdade de educação, a liberdade de expressão do pensamento, que é muito importante, e sem a qual tampouco existe qualquer uma das outras. Porque você nem sequer vai poder denunciar a pobreza, como acontece nos países em que não há liberdade de expressão do pensamento, nem lutar contra essas desigualdades. Acredito que não há substitutos para as liberdades da democracia. É o que nos diz a experiência histórica, e não podemos ignorar isso, porque nos lugares em que se perdeu [a liberdade] foi sempre pior.

MUJICA: Eu acho que a primeira lei que governa e estimula tanto os seres humanos quanto qualquer outro animal é a lei da necessidade. A primeira lei das coisas biológicas, comer, abrigar-se, reproduzir-se. Deste ponto de vista, estamos submetidos à lei da necessidade. Mas nós, os seres humanos, devido ao desenvolvimento intelectual e à nossa consciência, podemos esticar a necessidade *ad infinitum*. Quer dizer, essas necessidades básicas biológicas de tudo o que está vivo podem se multiplicar ao infinito no ser humano e essa multiplicação começa a condicionar, em parte, tudo o mais. Então a única defesa que há nisso é a formação cultural, o jogo do livre-arbítrio, se recebemos educação até um certo ponto. Mas as desigualdades que existem na sociedade determinam que muitíssimas pessoas não possam exercer o livre-arbítrio para limitar esse mundo de necessidades infinitas. Na verdade, é uma perda de liberdade, porque o indivíduo não é consciente, não consegue ser consciente. Porque a liberdade significa escolher, e aí não se consegue escolher.

Claro, por isso a liberdade de expressão é importante, mas antes está a liberdade de pensamento. Me preocupo muito com essas pessoas que não têm a possibilidade de ter liberdade de expressão pessoal. Uma democracia com um montão de gente que usa tão poucas palavras para se expressar é, de certa forma, uma democracia mais fraca, me parece.

Mujica: Essas são as limitações de nossa democracia, sem dúvida, e que não necessariamente se resolvem apenas com o desenvolvimento econômico. Claro que o desenvolvimento econômico é imprescindível e ajuda bastante, mas não é suficiente, não é suficiente. Porque pode-se ser uma besta muito moderna. Então eu acho que aqui entra a educação, entra o jogo das ideias, e há opções e riscos. Muita coisa ainda pode acontecer.

Sanguinetti: Os senhores estão falando das restrições que são fruto da pobreza material e intelectual, mas não se esqueçam de que nunca houve menos analfabetismo na história do que agora. Há cem anos, quantos eram alfabetizados? Quando este país nasceu como país, quantos eram os alfabetizados? Muito poucos. Eram analfabetos. Na própria Espanha que nos conquistava a maioria das pessoas eram analfabetas.

Mas essa é uma virtude da democracia?
Sanguinetti: O que quero lhes dizer é que o desenvolvimento da humanidade em geral, e da democracia em particular, foi criando cada vez mais uma formação educativa, uma maior capacidade de pensar. Agora, o que me preocupa são os pseudocultos que acham que sabem aquilo que não sabem só porque escreveram quatro tuítes ou leram a lombada de um livro... Então a democracia está baseada nisso. Eu me lembro que se discutia muito, em termos constitucionais, o assunto dos analfabetos, se tinham ou não o direito de votar. E me lembro que Justino [Jiménez de Aréchaga, advogado, político e professor uruguaio] dizia: "Eu conheço muitos intelectuais que são analfabetos políticos, mas conheço muitos analfabetos que são sábios políticos".

Mujica: Trótski já dizia: "Tenho pavor dos bacharéis, porque os extremamente ignorantes pelo menos são humildes e os verdadeiramente sábios também são humildes, mas os bacharéis são insuportáveis".

É mais condenável a falta de liberdade imposta por um sistema, uma ditadura, do que a falta de liberdade criada pela democracia, com suas misérias?

SANGUINETTI: Não se pode olhar para as sociedades do ponto de vista de um julgamento moral de condenação ou de absolvição. Os processos sociais são muito mais complexos, e foi justamente por isso que nasceu o Estado, e a democracia é o que permitiu a esse Estado assumir responsabilidades que os Estados clássicos não tinham, para tentar diminuir essas desigualdades e fazer todo o possível para consegui-lo. E as sociedades mais evoluídas, através da democracia, em geral foram conseguindo, numa proporção cada vez maior, com uma perfeição que nunca foi nem será atingida. Para isso, justamente, é que o Estado democrático foi se desenvolvendo, com sua flexibilidade e com a capacidade dessas liberdades e a capacidade de decisão das pessoas. Então, se olharmos para as ações que qualquer Estado moderno razoavelmente democrático faz para mitigar essas desigualdades, comparado ao que mesmo um Estado considerado democrático há cem anos poderia fazer, hoje ele pode fazer infinitamente mais. E, além disso, de fato conseguiu fazer muito mais.

Para mim, de qualquer maneira, há um ponto de inflexão quando falamos de analfabetismo em épocas passadas e nos últimos anos, com o desenvolvimento tecnológico atual. Porque há muita gente que talvez saiba ler num nível básico e usar o Twitter com certa facilidade, mas há um novo tipo de analfabetismo que tem a ver com o fato

de se possuir muito poucas ferramentas para um mundo que exige muito justamente nessa matéria.

Mujica: O que acontece é que não há um único fator, para mim há múltiplos fatores em jogo. E uma coisa que não existe, ou que tende a existir cada vez menos no mundo moderno, é tempo. Tempo para perder, perder entre aspas.

Para desenvolver interesses, para desenvolver...

Mujica: Sim, o tempo do ócio grego, tempo para não fazer nada, se quiserem; filosofar, ler... porque estamos submetidos à lei da necessidade, porque temos que ser rentáveis ou porque temos que pagar ou temos que cobrir isso ou aquilo. Existe uma crise de tempo para o amor. Por quê? Porque deve ser a coisa mais comovente do mundo quando se é jovem, toda a cerimônia do amor, mas isso exige tempo, é tempo.

Também há pouca capacidade de suportar a frustração. Por falta de tempo.

Mujica: Sim, porque na verdade o tempo tem um valor econômico. E está condicionado. Então não temos que reprovar essa civilização do Twitter. Ela tem pressa, quer resultados já, de imediato. E é curioso, às vezes o mundo dos valores está escondido em gente que ainda conserva certas formas antigas de viver. Fiquei impressionado com as respostas que recebi de gente que mora nesses rincões *gauchos* que ainda existem no Uruguai, por exemplo em Laureles, em Tacuarembó ou num povoado de Rivera. Encontro um sujeito, ele me diz: "Já não sou jovem, doutor", eu era deputado na época, e ele diz: "Sabe, eu tive uma filha e tenho que ajudá-la e às vezes não tenho dinheiro nem para o cigarro porque não aguento os patrões, vou, amanso quatro ou cinco cavalos, ganho alguns trocados e vou embora, porque não os suporto". Ele não sabia, era um *gaucho* anarquista, mas o sujeito tinha responsabilidade para com a filha. E uma velha de setenta e tantos anos me diz, em Laureles: "Eu primeiro vendo uns terneiros e depois pago a contribuição", vivia num ranchinho. Entendem?

SANGUINETTI: Era uma integrada...

MUJICA: Existem valores, e eu me lembrei que tivemos de inventar leis para meter a mão no bolso de gente que tinha uma filha, para que... isso é comum, não?

Me lembro da noite em que o senhor ganhou as eleições, em 1994, eu estava cobrindo...

SANGUINETTI: Foi ali que eu conheci este cavalheiro, em todo esse processo, naqueles anos...

Me lembro que, quando o Sordo [Luis Eduardo González, analista político] deu o resultado, eu estava ali no meio das pessoas, e então chegou sua filha Emma e lembro que ela o agarrou e disse: "Papai, relaxe e festeje". Isso também tem a ver com a ideia deste livro. É difícil para um estadista falar de amor, por exemplo?

MUJICA: Horrível.

SANGUINETTI: Mas não só para um estadista, é uma questão de pudor. A sociedade, inclusive, ou a geração anterior à nossa, era muito mais cheia de pudor em todas as relações íntimas, não só os estadistas, mas também todas as pessoas para quem é difícil falar de amor. Falar da sexualidade, então, nem pensar, porque era um assunto que há cem anos era um tabu absoluto. E depois de Freud começou-se a entender o que isso significava e a se liberar a possibilidade de falar disso, mas essa não é uma questão só dos estadistas, também acontece com os jornalistas.

Para o senhor era difícil falar de amor?

SANGUINETTI: Publicamente sim, porque quando alguém fala de amor não está olhando para o amor em abstrato, mas para o amor específico da sua experiência, e o enche de outras subjetividades. Mas quero voltar para algo que você falou há pouco e que quero responder, quero comentar. O desafio que se apresenta é o grande desafio da educação pública. A educação pública foi um fator fundamental dentro do desenvolvimento democrático. Quando passamos das sociedades aristocráticas para as republicanas, a educação foi fundamental. Mas a educação enfrentou desafios distintos ao longo do tempo. No início era simplesmente uma questão de alfabetização literária, de saber ler e escrever. Mais tarde foram aparecendo outras necessidades, do ponto de vista matemático, e, hoje, do ponto de vista digital, para que as pessoas não caiam num analfabetismo funcional, que já não é literário, isso requer outro tipo de educação. Por isso, são constantes os desafios que uma sociedade em evolução enfrenta. Então não dá para fazer um retrato rígido, sempre haverá imperfeições, sempre haverá avanços, às vezes há retrocessos, mas tudo isso na medida em que há uma sociedade livre, que pode discutir estas coisas. Do contrário, onde não há liberdade não há educação, há doutrinação, que é outra coisa.

Mujica: Acontece que, se restringirmos tudo o que um indivíduo recebe àquilo que a educação pode lhe dar, deixamos de fora toda a influência do meio ambiente que existe hoje, que se multiplicou de forma exponencial pelos diversos meios, comparada com o passado. Um menininho vai à escola, mas, quando chega em casa, quantas horas ele passa na frente da televisão?

Ou no telefone.

Mujica: Sim, e essas são coisas que contam, em alguma medida, que também vão formando a personalidade do indivíduo. E há tudo que pode se dar no terreno das questões conscientes, mas também existe o terreno da influência na emotividade, na subjetividade, que é cada vez mais importante na formação. Então, provavelmente o ensino teve uma determinada influência e hoje o próprio ensino está limitado pelo peso que têm todas as fontes de informação... Porque nos últimos anos isso tem sido pavoroso, e nem é preciso falar da influência que tem a civilização digital. Então isso também cria algo.

Sanguinetti: Sem dúvida.

E, para o senhor, é difícil falar de amor ou não lhe custa tanto?

Mujica: Não, não me custa nada.

O senhor não tem pudor, o pudor de que Sanguinetti fala?

Mujica: Bem... mas eu o vejo como uma força incomensurável. Ignorar o amor...

Estamos falando da coisa pública...

Mujica: Sim, sim, mas se não vejo amor não entendo as pessoas.

Sanguinetti: Estamos falando em duas sintonias, em duas ondas distintas. Se estamos falando sobre o que é o amor na natureza e na psicologia humana, é claro que temos de dar a ele o enorme valor de um ser humano que não é apenas razão, também tem sentimentos, e ambas as coisas têm de conviver...

Mujica: Claro.

Sanguinetti: E é o sentimento que enriquece a razão e a razão que disciplina o sentimento.

Mujica: Até por aí.

Sanguinetti: Até onde pode, é uma tensão entre a razão, a emoção, as necessidades. Enfim, é uma tensão, não há dúvida. Agora, estamos falando do que é o amor como elemento constitutivo do casal humano, da família, da atitude diante da vida e diante do próximo. Naturalmente isso é um elemento substancial da vida social, sem dúvida alguma. O que me ocorre é que, quando vamos para o lado pessoal, aí é outra questão, é outra questão. Então, sim, hoje há uma facilidade muito maior de expor a vida amorosa, porque a sensibilidade mudou em relação a isso. Os pudores são diferentes, as razões são diferentes. Isso é bom, é ruim? Depende de cada um que olhar para isso. Basta ver o debate sobre o divórcio, que a Igreja ainda custa a...

Mujica: Eu acho que as religiões monoteístas tiveram uma influência tremenda sobre estas questões, porque a distância que existe em relação ao mundo antigo é enorme em termos de tempo, mas no modo de encarar essas coisas é gigantesca. Há uma influência das religiões monoteístas na visão dessa cultura como algo pecaminoso, reservado etc., algo em que não se tocava. De fato, fomos educados nesse mundo, tanto quem acreditava quanto quem não acreditava, porque era uma conduta da sociedade. Agora, quando olhamos para o mundo antigo, vemos que era muito mais aberto do que o mundo cristão acabou por se tornar.

Sanguinetti: É que as religiões monoteístas partem de uma base, de que quando Deus é exclusivo, necessariamente é excludente. Ao nascer a crença exclusiva nesse Deus único todo-poderoso, começa a exclusão do outro. Quando essas religiões dominam a vida do Estado, se produz justamente isso, que as religiões transbordam para o Estado, são códigos morais que se impõem à sociedade. Então vejam que ainda hoje estamos discutindo sobre o divórcio, que para nossa sociedade laica não é um problema, mas que a Igreja Católica ainda não aceita. Estamos discutindo a descriminalização do aborto, que é todo um debate, e agora a eutanásia. Quer dizer, aí entra o conceito dessas religiões que pensam que a única moral possível é a que emana de sua fé, e o de quem acredita que um Estado democrático, livre e laico – ou seja, que separa as duas órbitas, a da crença e a da organização civil – também tem uma moral. É uma moral laica, porque o Estado democrático também tem uma ética que logo se reflete em suas leis, em seus códigos penais, que penaliza algumas condutas e privilegia outras. Mas isso é o que poderíamos chamar de uma moral laica frente às morais religiosas, que, por sua vez, também lutaram entre si.

Mujica: Muitas vezes. Mas herdamos essa moral religiosa por transmissão familiar e ela é um componente de nossa cultura.

E que papel os senhores atribuem às religiões hoje? São, às vezes, um freio ao Estado laico que quer ser progressista e avançar na conquista de alguns direitos?

Sanguinetti: Devemos olhar para as coisas em dois planos. Um é o da crença e da fé, e não esqueçamos que o homem, do tempo das cavernas até hoje, sempre teve um sentimento religioso primordial...

Mujica: É um animal utópico...

Sanguinetti: ...que é a explicação para seus mistérios.

Mujica: Desde o início. Em todos os cantos da terra o homem inventou algo em que podia acreditar, mas que não conseguia provar.

Sanguinetti: Natural.

Mujica: É uma lei.

Sanguinetti: Aquilo que não conseguia entender, os vastos espaços. O que aconteceu nos tempos contemporâneos? O avanço da ciência foi diminuindo o espaço da religião. Aquilo em que o homem das cavernas acreditava – ou, muito mais evoluído, o maravilhoso homem do século IV antes de Cristo, com mentes clarividentes bastante superiores às nossas de hoje –, que havia um deus do vento ou um deus da guerra etc., bem, de lá para cá o espaço foi se reduzindo... E aí vem outra questão, não confundamos esse sentimento religioso, que é uma crença estabelecida para a explicação daquilo que é misterioso, antes enorme, agora menor, com essa outra coisa que são as igrejas, entidades sociais, políticas, constituídas pelos seres humanos para administrar esse sentimento. Uma coisa é a fé e outra coisa são as igrejas, sejam elas quais forem, é outra coisa. E aí as igrejas podem ser muito ruins em algumas coisas e muito boas em outras.

Claro, porque quanto mais conhecimento, menos crença...

Mujica: Mas, no fim das contas, há coisas para as quais nunca se tem resposta...

Sanguinetti: Exato.

Mujica: ...e aí é preciso respeitar a fé.

Sem dúvida.

Mujica: E aqui, mais perto de nós, quando você vê gente morrendo na cama de um hospital, gente que tem uma crença, eu penso que a religião ajuda a "morrer bem". Um pequeno serviço! Eu não sou religioso, mas tenho um imenso respeito porque eu vi isso, vivi isso. Então é uma espécie de consolo interior diante do inevitável, sabe?

Nenhum dos dois é religioso?

Sanguinetti: Eu não tenho crenças religiosas, não tenho fé religiosa.

Não acredita em um Deus?

Sanguinetti: Não.

Mujica?

Mujica: Um senhor tão importante, se almoça, deve almoçar na mesa do patrão...

Quero voltar a algo que você, Sanguinetti, disse sobre a questão do amor. Comentou que se você o expressava, isso era tomado como algo pessoal, e que, claro...

Sanguinetti: São coisas distintas.

Eu sei, eu sei. Mas estou pensando neste livro e numa coisa que nos interessa. E penso nas gerações mais jovens, que recebem essa quantidade de informação fora da escola ou da educação medianamente formal, inclusive fora de suas famílias, e que têm acesso a tudo pelo telefone, e que talvez também tenham pouco tempo para ver seus avós... E acrescento que viemos de uma pandemia em que tudo isso se modificou... Então eu afirmo que também é importante ver pessoas que têm uma responsabilidade pública falarem destas coisas, porque imagino que se possa falar disso com os netos. Mas como seria importante também ver dirigentes políticos falarem de coisas que não estejam ligadas somente às partes mais árduas, mais duras e mais importantes, *a priori*, da política. Ou seja, eu teria gostado, gosto de ouvi-los falar sobre isso.

Sanguinetti: Bem, vou lhe dizer uma coisa, isso é parte do sucesso do sr. Mujica.

E o senhor, o que acha desse sucesso?

Sanguinetti: Eu reconheço esse sucesso, por isso estou dizendo que ele... às vezes eu discuto sobre isso com meus companheiros... Quando dizem: "Não, mas este Mujica, as coisas que ele fala...". E, bem, eu digo a eles, não pensem em Mujica como político, Mujica é um fenômeno de comunicação pessoal, e não falo isso de maneira depreciativa, porque essa expressão vai parecer pejorativa. E também não falo nisso como uma coisa de autoajuda, que ajuda a pensar, que ajuda a sentir... Então, pensem nisso nessa dimensão, a popularidade de Mujica não é simplesmente a popularidade política, é uma popularidade social, pessoal, muito diferente da do político, porque nós, os políticos, debatemos ideias e fatos econômicos...

Mas não era isso que Emma, de alguma maneira, pedia ao senhor? "Papai, mostre também seu lado carinhoso, sua parte de alegria."

SANGUINETTI: Mas isso tem que ser natural...

MUJICA: Acontece que o problema é que nenhum governo pode determinar a felicidade das pessoas.

SANGUINETTI: Não.

MUJICA: A felicidade não é uma coisa... mas é preciso pelo menos reconhecer que existem âmbitos que podem torná-la mais possível... Primeiro, hoje sabemos que, organicamente, há pessoas que nascem pessimistas, mesmo que ganhem na loteria todos os dias, e isso é um problema entranhado, é assim. Clinicamente. Existem pessoas com essas características. E também existem os outros, os superotimistas, mas isso tem a ver com algo daquilo de que falamos: com o tempo. Se não disponho de tempo humano para empregar no cultivo dos afetos, parte do que é a minha felicidade está condenada.

Sanguinetti: Claro.

Mujica: Por quê? Porque os seres humanos precisam de afeto, precisam cultivá-lo. E quem nos dá os afetos não são as coisas, são *os coisos* [as pessoas]. Mas isso significa ter tempo disponível. Na minha idade, você tem de ter tempo para jogar truco com os amigos. Tempo para perder.

Sanguinetti: Mas isso significa não apenas tempo, mas também atitude e natureza, porque mesmo com pouco tempo é possível cultivar o mundo dos afetos. E é verdade que há menos tempo para certas atividades. O filósofo coreano Byung-Chul Han faz um elogio, justamente, da demora, da perda de tempo. E começa com os rituais religiosos e o tempo que se levava para desenvolvê-los, como um tempo que impunha um espaço para a reflexão. Mas, quando falamos do mundo do afeto, acho que depende também da espiritualidade e da configuração de cada um; há pessoas que têm muito tempo e não deixam de ser frios, gelados, e pouco cultivam o sentimento de afeto. Há pessoas que têm dificuldade de ter amigos, há pessoas que têm dificuldade de ter uma relação de fé.

Mujica: Sim, senhor.

Sanguinetti: Assim como há outros que, mesmo com as dificuldades e as limitações próprias da vida, assim o sentem e assim o desenvolvem. Acho que o mais importante é a natureza de cada um, a atitude que cada um tem diante da vida, o espaço que uma pessoa vai organizando intimamente para si mesma.

O senhor falou de como o discurso do amor estava muito vinculado à intimidade, ao privado. Agora, com a internet

e com as redes sociais, estamos chegando ao fim da intimidade, ao fim da privacidade, porque todo mundo se expõe, e expõe seus filhos, e mostra quando está fazendo qualquer coisa, e mostra quando come... Essa exposição da privacidade das pessoas trivializou um pouco certos valores?

Mujica: Eu tenho preconceito, sou de outra época, me parece uma coisa de loucos. Mas, bem, devo estar ultrapassado.

Sanguinetti: Eu não compartilho desse strip-tease, porque acho que termina banalizando...

Mujica: Claro, exatamente.

Sanguinetti: Porque, quando pensamos no individual, o amor e a sexualidade têm de estar inspirados por um afeto. O que acontece é que hoje a sexualidade se banalizou de tal maneira que ela passa a ser o mesmo que qualquer outra necessidade física. E a sexualidade não é apenas uma necessidade física.

Mujica: Não, é muito mais que isso.

Sanguinetti: É a realização de um impulso espiritual muito mais profundo, então essa exibição constante dos costumes, dos hábitos, dos casais que vão e vêm, trivializa tudo.

Mujica: A palavra é banalidade, é uma coisa tremenda. Algo de uma importância suprema se banaliza.

E se vulgariza também.

Mujica: E se vulgariza, e se desrespeita. Se desrespeita num sentido profundo.

E acontece uma outra coisa que mistura tudo o que estamos falando, e é o fato de que nessa corrida por

se exibir também não há tempo, por isso também há muitas coisas que se exibem e que depois as pessoas querem, rapidamente, apagar. Mas usemos isso para falar de cultura também. Falamos da liberdade de criar e sempre acho que qualquer manifestação estética requer tempo para ser pensada. Porque para que alguém goste de Picasso, por exemplo, tem de ter tempo para olhar, pensar, perder tempo com isso; me dá a sensação de que a falta de tempo e o consumo excessivo de tudo, e também do tempo...

Sanguinetti: O tempo é fundamental porque, por exemplo, vou me referir a uma dimensão que é muito importante: quando nascem os esportes populares? Os esportes populares são filhos da legislação social. Na Idade Média os esportes eram cavalheirescos, eram o torneio, a esgrima e a falcoaria. Na Grécia, os esportes, de início amadores, foram o resultado da sociedade aristocrática. Depois, quando chegaram as guerras médicas e os persas e os medos, nesta guerra que ainda prossegue, e invadiram a Grécia, os gregos tiveram que convocar os escravos e os pobres para seus exércitos. Então já não era suficiente o cavalheiro, que o era porque tinha um cavalo, daí o nome: cavalheiro era uma hierarquia. Então, assim que algum jogador de dardo do povo se destacava, a cidade o queria, e onde há um pobre há profissionalização, felizmente. E isso vale para o esporte, para a política e para o exército, quer dizer, o profissionalismo está muito vinculado com isso. E aí há um fator muito importante. Os esportes se popularizaram na Grécia em consequência das guerras. Logo, passando para Roma...

Mujica: Coisa curiosa, os sujeitos chegavam a parar uma guerra para fazer uma olimpíada e depois continuavam...

Sanguinetti: E depois continuavam...

Mujica: Uma coisa incrível.

Sanguinetti: Depois, em Roma, os esportes mudam. Quando vem a sociedade medieval eles desaparecem, porque o povo não tem protagonismo nessas atividades. E depois a incipiente sociedade burguesa industrial começa a se tornar dominante e os elementos populares não nascem. Os esportes é que são filhos da legislação social, as pessoas começam a jogar futebol quando se limita a jornada de trabalho. De onde nasce o futebol? Da lei da limitação da jornada de trabalho. Antes não havia futebol, a que horas iriam jogar ou treinar futebol? Então creio que esses são desenvolvimentos históricos que certamente merecem uma análise mais profunda do que a que estamos fazendo, porque são muito importantes. Meu sogro era da Panathlon [organização não-governamental internacional, sem fins lucrativos, que promove a ética esportiva e o jogo limpo e se opõe à discriminação e à politização no esporte], e me lembro que um dia me convidaram para fazer uma palestra, e eu disse a eles: "Vou dar uma palestra sobre o amadorismo". E fui lá e comecei a falar e disse que o amadorismo era um produto típico das sociedades aristocráticas. Onde havia povo não havia amadorismo, nem no exército, nem no esporte, nem na política. Por isso Péricles teve de pagar a eles para que fossem à assembleia...

Mujica: Porque, de outra forma, não podiam ir, os pobres não podiam ir...

Sanguinetti: Os pobres não podiam ir. Ah, os velhos me olhavam espantados. Eu lhes dizia: "O amadorismo é aristocrático".

Sigamos dentro da cultura. Como é possível que continuemos a defender o paradigma da proibição em matéria de drogas? Como é possível que não enxerguemos o que é evidente, uma coisa que está na cara, não apenas pelas questões sanitárias, ou de segurança pública, mas até por questões econômicas. Não só pela questão da proibição, porque enquanto se publicam dados sobre o altíssimo consumo de álcool entre os jovens...

Mujica: Sempre beberam...

Sim, claro, mas não se fala de droga nesse caso, enquanto, por outro lado, há um setor do governo que quer deter os avanços com relação à maconha. Há várias coisas misturadas nisso. Não vamos cair no clichê da lei seca porque não tem nada a ver com o que estamos vivendo hoje, mas, se nos guiássemos pelas próprias leis do mercado e pelo modo como o mercado funciona... Porque as drogas são um mercado como qualquer outro...

Mujica: A única maneira de acabar com isso é quebrar o mercado. Não para liquidar a droga, para liquidar o narcotráfico.

Exato.

Mujica: É curioso, nisso penso como Friedman. É um nicho de mercado com uma margem de lucro impressionante.

Isso não quer dizer que a dependência química não seja um problema. Cuidado!

Sem dúvida. Mas não é evidente que estejam defendendo certos interesses? Não é evidente que a proibição, atualmente, só funciona porque defende os interesses do sistema financeiro, dos organismos que precisam continuar funcionando?

Mujica: Eu acho que é mais complexo, eu acho... Humanamente, frente ao que nos parece ruim, frente àquilo de que não gostamos, acreditamos que o caminho mais eficaz é o de proibi-lo. Assim foi com a prostituição, assim foi com o álcool. Mas, quando o tempo passa e o mal continua existindo e seguimos mantendo essa política de que o que é ruim, o que não gostamos... O problema é que um verdadeiro combate significa atropelar algumas coisas. Se eu tomo um ou dois uísques por dia, talvez não seja bom, mas é tolerável. Se eu tomo uma garrafa, bem, aí eu sou um alcoólatra, preciso me tratar. Com as drogas também, mas como é que se mede isso? Para poder medir é preciso haver uma espécie de serviço público no qual, com os meios que existem hoje, o cidadão se controle e, quando estiver passando dos limites, terá de ser chamado para ser atendido. Porque o sujeito vira um escravo. Mas isso, como é um mundo clandestino, nós jamais conseguimos detectar. Quando ficamos sabendo, ele já está destruído e já é uma missão impossível. Eu acho que, em última instância, o mundo terá que tratar isso como um problema de saúde pública, mas a maneira de derrotar o narcotráfico é deixá-lo sem mercado.

Sanguinetti: Eu acho que a lei seca já demonstrou que não é uma resposta eficaz para o álcool. Quer dizer, muito antes do aparecimento da maconha e da heroína, tínhamos Elliot Ness com *Os intocáveis*.

Mujica: Claro... claro.

Sanguinetti: Quer dizer, a lei seca foi estabelecida por uma sociedade protestante com códigos morais muito rígidos, porque tudo isso parte dos códigos morais da sociedade.

Mujica: No outro extremo está Stalin, que quis tomar algumas medidas e obteve um esplêndido fracasso, cada russo tinha um alambique...

Sanguinetti: Certo, certo. E aqui entra outra questão, a do controle, digamos, sanitário, e de até que ponto se consegue estabelecê-lo. Mas tudo acaba num fator educacional, porque aqui houve um tempo em que consumíamos bebidas alcoólicas de baixíssima qualidade e de altíssimo poder destrutivo da saúde. E mais, aqui o Estado começou a fazer cachaça e grapa...

Mujica: Por isso mesmo...

Sanguinetti: Por isso mesmo. Para combater a famosa *chiribita* da fronteira, que gerava uma demência tremenda. Com isso quero dizer que a resposta não está na proibição, mas está claro que a resposta acaba sendo de âmbito individual e, para que seja eficaz, é preciso ter consciência do que estamos falando. Creio que todos temos consciência do que significa o álcool e o excesso de álcool, mas acho que não tínhamos consciência do que significa o fumo. Quando eu estava no colégio não tínhamos consciência disso, pelo contrário, nos parecia que fumar passava uma imagem de maturidade e, para as garotas, passava uma imagem de emancipação feminina. Essa consciência ainda era muito rara naquela época, apenas estava começando, mas creio que hoje, para todos nós, ficou bem claro o que o cigarro significa. E, consequentemente, quem o usa, quem o consome, sabe do que se trata. Também há controles para tentar diminuir a agressividade. Nessa questão das drogas, como foi uma...

O senhor separa o tabaco das drogas?

Sanguinetti: Não coloquemos etiquetas semânticas. Sim, separo na expressão habitual, porque quando dizemos *drogas*, não dizemos *álcool* nem dizemos *tabaco*. Quando dizemos *droga*, estamos falando de outros consumos de tipo psicotrópico, ou como queiramos chamá-lo. Que, além disso, são todos muito distintos, o que acontece é que é um espaço que foi muito forte nos últimos anos, e não é que antes, em tempos ancestrais, não houvesse isso, porque de algum modo sempre houve, algum alucinógeno ou alguma coisa do tipo. Mas, na civilização ou sociedade contemporânea, até por suas próprias urgências, até por causa da própria velocidade angustiante de correr atrás das coisas, tem havido um crescimento cada vez mais acentuado do uso destas supostas drogas da felicidade, que de um modo ou outro contribuiriam para a felicidade pessoal, por uma via ou outra. Aí entra a questão de que, no caso da maconha, eu acho que a proibição não impediu seu crescimento, mas acho que a banalização da maconha não fez bem ao conjunto, no que diz respeito à educação. Porque os jovens acham que a maconha é uma coisa boa. Ou seja, não sabem que faz mal. Não sabem que faz mal, você fala com um garoto e ele não sabe que faz mal, e fala com velhos que acham que é ótima, porque há um remédio para isto e um remédio para aquilo.

Mujica: Eu acho que nenhuma dependência é boa.

Sanguinetti: Nenhuma dependência é boa, tampouco essa. O que acontece é que, para continuar com o assunto do cigarro, que hoje sabemos o que significa... Dos outros tipos de dependência hoje não se sabe, numa sociedade como a nossa, digo, ou em outras próximas. Acho que o que falta é divulgação, o que falta é consciência do que estamos falando. Se você não me disser o que é a cocaína e alguém me oferecer, por que não vou experimentar?

Mas o senhor acha que o paradigma da proibição continua a se impor, ou a seguir adiante, por uma falta de capacidade educativa para informar as pessoas? Ou seja, é realmente um erro desta sociedade ou quem defende isso e o impõe a todo o planeta está consciente de tudo mas responde a determinados interesses?

Sanguinetti: Não, eu não acredito nessa conspiração universal.

Mas não é uma conspiração.

Sanguinetti: Porque isso nasceu da demanda das pessoas. Nasceu da demanda das pessoas.

Mujica: É um negócio brilhante, porque, por ser proibido, é um monopólio a favor dos audazes e, como qualquer monopólio, tem uma margem de lucro brutal, suficiente para corromper tudo. E essa é a razão do sucesso que tem.

Claro, mas por que os Estados...

Sanguinetti: Mas a raiz está na demanda.

Por que os Estados não quebram esse paradigma?

Sanguinetti: Porque há uma demanda, quando falo do fator educacional e de saúde, é por isso. Porque a oferta existe, porque a demanda existe.

Correto...

Sanguinetti: E é uma estimulação recíproca.

Mujica: Mas isso se une ao econômico...

Sanguinetti: Lógico...

Mujica: Porque se procura criar dependentes pobres para que estes sejam, por sua vez, divulgadores e vendedores eficientes, que para obter a droga começam a vendê-la e então vira um fenômeno que vai se alimentando de si mesmo.

Sanguinetti: De si mesmo, é verdade.

Mas não tem nenhum resultado positivo, em nenhum âmbito.

Mujica: Em nenhum âmbito.

Então por que não se acaba com o paradigma da proibição?

Mujica: Não, não. Veja, estão cobrando 32%, 33% para lavar o dinheiro.

Mas é por isso que digo, por que não acabar com isso? Por que os senhores pensam que se prossegue com este paradigma? E, daqui a alguns anos, vamos olhar para trás, como vimos acontecer com a lei seca, e dissemos que a lei seca foi um erro, ou a escravidão foi um erro, por que estamos esperando? O que estamos esperando?

Sanguinetti: O que eu acho é que é preciso combater a demanda. A demanda é uma questão de educação. Se as pessoas acham que a cocaína é boa...

Mujica: A escravidão não acabou por uma questão de direitos humanos, acabou porque deixou de ser vantajosa economicamente. Era caríssima. Era mais barato ter um trabalhador livre.

Bem, mas se for legalizada não vai mais haver máfias poderosas.

Mujica: Essa é a discussão. Mas ainda precisamos de muitas derrotas.

Mais?

Mujica: Sim.

Mais máfias, mais viciados, mais máfias cada vez mais poderosas?

Mujica: Sim, porque, como dizia Einstein, se você quiser mudar não pode continuar fazendo tudo igual. Temos que sofrer derrotas para que haja uma camada da sociedade que entenda essas coisas. Tem que ser um serviço público, porque também não é uma questão de ir lá, quero comprar, e compro e tchau. Para mim, o sujeito que consome tem que estar registrado, porque está doente. Está doente, e quando passa dos limites é preciso interná-lo à força. Mas isso é atacar os direitos humanos, a liberdade, sei lá. Se não se pode impedir uma pessoa dormir na rua se ela não quiser se internar, calcule só.

Sanguinetti: Voltemos ao assunto. Estamos olhando pelo lado da segurança e da educação, mas vamos dar um exemplo bem diferente, o da alimentação. Uma das doenças mais duras e mais nocivas e mais generalizadas é a diabetes. E sabemos que a diabetes pode ser estimulada e se tornar incontrolável pelo consumo de açúcar. Há todo um fator educativo que nos impõe restrições ao consumo de açúcar, controlamos a diabetes, aqui os médicos são um fator muito importante e então conseguem diminuir, regular e controlar de algum modo essa demanda. Ninguém está dizendo que comer um pudim caseiro seja ruim, é muito bom, é maravilhoso, também tem um valor até mesmo espiritual. Mas o excesso de açúcar pode nos levar à morte, e nos leva à morte, e a uma morte muito penosa como é a causada pela diabetes. Mas há uma consciência cada vez maior que faz com que se possa enfrentar isso e reduzir os danos. Quanto à questão do coração, não havia uma grande consciência a respeito disso, e no entanto hoje já há. É o mesmo que falávamos há pouco da relação do fumo com o câncer. Agora, não há uma consciência clara a respeito de todas estas novas drogas que apareceram, é isso que quero dizer e é o que me parece fundamental. Se não diminuir a demanda, sempre vai haver oferta. Porque a oferta vai responder a isso e, se as pessoas não se derem conta de que isso é ruim, as coisas vão ficar cada dia piores. Vamos dar estes exemplos que são aparentemente menos fortes. O consumo de açúcar pode ser tão prejudicial quanto o do álcool ou o da cocaína.

Mujica: E o do sal.

Aí também entra o tipo de açúcar, o tipo de sal. Uma coisa é a planta de coca e outra coisa é a cocaína. Uma coisa é a planta de maconha e outra coisa são as drogas sintéticas.

Sanguinetti: Estamos de acordo. Mas é preciso saber, porque uma coisa vai levando à outra, e isso, volto a dizer, deve-se à falta de consciência coletiva sobre os danos provocados por essas coisas. Pergunto, quem acredita que a maconha é prejudicial? Somos quatro gatos pingados.

Mas há muitos estudos sobre isso. Ou seja, há mais informação, mas saber disso já é outra coisa.

Sanguinetti: Os estudos são absolutamente conclusivos e não há discussão sobre os danos causados pela maconha.

Administrada de que maneira?

Sanguinetti: Sobre isso não há discussão, que a maconha é prejudicial. Agora, a questão é que na divulgação não se assume isso. E, quando falo da maconha, estou falando de algo que causa um comprometimento relativamente menos explosivo e rápido do que pode chegar a ser aquele causado pela cocaína, e nem falemos da heroína. Ou das drogas sintéticas semelhantes. Porque todos os dias vemos morrer algum garoto por causa de um comprimido de ecstasy.

Mujica: Essa é outra que está na moda.

Sanguinetti: E por que morrem? Porque não acham que seja realmente prejudicial. Querem viver o momento e a satisfação, o prazer. O prazer é outra tendência humana de que falávamos há pouco. A busca do prazer é um dos fenômenos mais poderosos de toda a humanidade e que também leva à satisfação e ao excesso, porque o excesso vai diminuindo a satisfação. Então, temos não apenas o prazer sexual, mas também o prazer sexual que logo se vincula com esses prazeres psicológicos, e tudo isso conduz a um mundo complexo. Então, como se combate isso? Está claro que não é somente com proibições, assim nunca teremos sucesso. Agora, sem consciência também não. Porque, consequentemente, haverá demandas diversas, e, portanto, também consequentemente, haverá ofertas que irão satisfazer essas demandas e que encontrarão ali um negócio produtivo. Com ou sem proibição.

Mudamos de assunto?

Sanguinetti: Eu não sei o que vocês vão fazer com tudo isso...

Antes o senhor falou da liberdade de criar, e nós, que sempre nos reunimos uns dias antes de cada encontro com vocês para pensar no que vamos fazer, estávamos rindo, verdade seja dita, porque cada vez que nos aproximamos de uma eleição e os partidos apresentam seu programa de governo, a questão da cultura sempre nos parece fraca, entendendo-se por cultura...

Sanguinetti: A criação artística ou a produção humanística, digamos...

Sim, e o acesso a essas coisas, o valor dessas coisas. O senhor falava do Malba [Museu de Arte Latino-Americano de Buenos Aires], é incrível o Malba. Cada vez que vou lá, vejo crianças fascinadas, então penso na possibilidade de ter acesso a isso, na possibilidade de dispor de tempo para que as crianças possam ir. Não quero cair nos lugares-comuns como ir ao museu, ou simplesmente ver as árvores, abraçar uma árvore, tudo o que implica e o que entendemos por cultura para além do pontual, do ministério. E sempre nos parece, acredito eu, que haja uma dívida do sistema político com relação a esses assuntos. Como os senhores vivenciam isso, para além de seus gostos pessoais e da ideia pessoal de cultura?

SANGUINETTI: Se entendermos a cultura num sentido antropológico, ela abrange tudo que um ser humano faz. Se falarmos da cultura no sentido da criação artística, literária, mimética, é outra coisa. E é aí que reside o papel do Estado, até onde pode chegar e até onde não pode chegar, que é muito importante. Vamos falar de pintura. A pintura foi um fenômeno completamente condicionado, do ponto de vista artístico, à autoridade dos Estados aristocráticos ou feudais. Quem era o maior cliente da pintura? Quem encomendava as obras era a Igreja. Em tempos de analfabetismo, como dissemos...

MUJICA: E o príncipe.

SANGUINETTI: E também o príncipe... Consideravam-na um fator de enriquecimento pessoal, quando adquiriam esse hábito. Isso que hoje chamamos de produção está intimamente vinculada justamente ao desenvolvimento da democracia liberal e da construção burguesa. Os primeiros pintores a não trabalharem para um patrono foram os holandeses, porque os Leonardos e os Michelangelos trabalhavam especificamente para um senhor ou para a Igreja. E mais, ainda diziam aos Leonardos, você tem que pintar *A última ceia*, mas vai pintá-la de uma determinada maneira. Inclusive com essas limitações artísticas. Os pintores holandeses foram os primeiros, porque ali está o início do capitalismo.

Mujica: Ali?

Sanguinetti: Ali. O capitalismo nasce no norte da Itália e no norte da Europa, em Flandres, por ali. Essas são as primeiras expressões do que hoje chamamos de capitalismo, ou de economia de mercado, para não carregar demais essa palavra a que se atribui um grande conteúdo, ou muitos matizes diferentes.

Mujica: Os comerciantes da Liga Hanseática.

Sanguinetti: Exato. Então, ali, em meio às liberdades comerciais, aparecem também os artistas que já não pintam apenas o retrato do senhor. Quando Vermeer pinta *Mulher de azul lendo uma carta*, já não o faz para um senhor que lhe diz "pinte minha filha", mas porque o pintor queria evocar, através da arte, a vida íntima da sociedade, coisa que até aquele momento ninguém fazia; hoje mesmo falamos sobre os pudores. Aí a arte chega ao lado mais doméstico da humanidade e o pintor começa a se libertar e a trabalhar para um mercado. E em seguida vem todo um terreno que, em nossos países mais incipientes desse ponto de vista, deu origem a diversas expressões. No início o que o Estado fez foi usar as bolsas, que eram um instrumento para a formação das pessoas. Deram uma bolsa a Blanes e ele foi à Europa para se aperfeiçoar, e o general Santos mandou que ele fizesse o retrato de Artigas. E depois pintou todas as batalhas que quis pintar. Antes tinha pintado batalhas para Urquiza, mas ainda era muito primitivo. Então se usava a bolsa, a promoção. Depois nasceram os prêmios, os salões e os prêmios, que nasceram na Europa do século XIX, e que também existiram em nosso país a partir dos anos 20, algo assim. Em nossos países, felizmente, logo depois também surgiu um mercado libertador, porque o mercado foi claramente libertador para os artistas, porque conseguiram encontrar uma oportunidade de produzir. Naturalmente, o mercado tem suas preferências e suas tendências, e de algum modo tem suas limitações, mas os artistas também fazem o mercado. Quando Picasso pintou as coisas que pintou, não havia uma demanda para aquilo, foi ele quem a criou, porque as pessoas foram se adaptando e entendendo, e dizendo; "Esse louco pinta essas coisas, mas isto quer dizer algo que eu não estava vendo e que agora entendo", digamos. De modo que o Estado pode fazer coisas, mas a questão é que o Estado também pode condicionar. Por isso mesmo, e infelizmente, o realismo soviético foi uma coisa espantosa do ponto de vista da criação artística. E uma Rússia que era a pioneira...

MUJICA: O melhor, de longe.

SANGUINETTI: A Rússia era a vanguarda. Outro dia eu escrevi um artigo – não tem nada a ver com isso, mas, já que estamos falando no assunto – lamentando toda essa confusão com a Rússia, do ponto de vista cultural. Eu dizia que, quando jovem, os grandes romancistas eram os russos, era Dostoiévski, era Tchékhov e todos aqueles que estavam aparecendo. A novidade de Nabokov com *Lolita*. Aquilo tudo. Os artistas, então, nem se fala. Aqueles de nós que tínhamos, quando jovens, uma certa inclinação pelas coisas modernas, nem dá para falar. A arte abstrata, o primeiro grande artista abstrato, Kandinsky.

Na música também.

SANGUINETTI: Sem falar na música.

MUJICA: E na ciência?

SANGUINETTI: Sem falar na ciência também. Infelizmente, o regime soviético liquidou tudo isso e gerou uma arte de Estado horrorosa, horrorosa, à qual, inclusive, às vezes os artistas se entregam por convicção. Por exemplo, o muralismo mexicano: são grandes artistas, grandes artistas, mas são muito melhores quando abandonam o panfleto da revolução e fazem uma arte mais desinteressada, digamos assim. Então é uma relação difícil, até onde o Estado pode estimular sem condicionar, este é o desafio.

Essa seria a explicação para o fato de que, nos programas partidários, não pesa tanto a questão da...?

SANGUINETTI: Não, pesa, pesa. A questão é que deve pesar bem, porque o Estado tem outros papéis a cumprir, que são a divulgação, a educação. Porque se o Estado desatender a educação artística ou o pensamento filosófico, ou a inclinação científica, na educação, sim, não vamos ter gente nem com inclinação científica nem com inclinação artística nem com inclinação literária. Aí entra a educação. E os outros institutos de divulgação, os museus, por exemplo, que são os que fazem o povo se aproximar. O museu é um instituto muito democrático, que é quando a arte sai dos salões, por isso o primeiro museu popular é o Louvre, que foi inaugurado logo depois da Revolução Francesa e que tira a arte da corte, da reserva das cortes.

E o senhor, o que pensa sobre isso, Mujica? Acha que a cultura está muito em segundo plano no discurso político? Neste sentido, neste plano em que estamos falando da cultura?

MUJICA: Eu acredito que temos uma dívida para com a cultura. O que acontece é que, na sociedade moderna, as demandas são infinitas, infinitas. E às vezes me dou conta disso porque senti isso com as questões do esporte, porque aqui não se fomenta o esporte. E, claro, os recursos que podemos empenhar são escassos, mas há exceções: a prefeitura de Montevidéu, historicamente, fez coisas que não são de uma prefeitura. Aí tem o tradicional dedo batllista, aquele SUBTE [Centro Municipal de Exposições], perto da avenida Agraciada, sempre teve uma preocupação cultural junto aos governos. Acontece que o cobertor é curto e sempre temos urgências que nos condicionam, e creio que isso se acentuou nos últimos anos, que outras demandas pesam mais, de maneira mais forte. Assim como investimos pouco em ciência e em pesquisa. Acreditamos que é uma coisa alheia a nosso espaço, que temos de trazer de fora o conhecimento. E agora começamos a entrar nisso outra vez, porque também há conhecimento local. Somos um país que cria gado e nunca conseguimos concluir uma pesquisa sobre os pastos nativos;

foi iniciada umas três ou quatro vezes e sempre ficou pelo caminho. E isso é conhecimento, mas um conhecimento do meio. E eu poderia te falar de outras coisas, então o que precisamos reconhecer é que se trata de uma rubrica com a qual temos uma dívida, como com tantas outras coisas, por isso dissemos que a democracia está longe de ser perfeita. Nos damos conta disso, porque eu acho que a cultura... uma coisa é o conhecimento, o conhecimento técnico-científico, e outra coisa é a carapaça cultural, que tem uma importância no cultivo dos valores que tendem a nos mover. Podemos ter uma sociedade muito desenvolvida tecnicamente e sermos um bando de animais. E o conhecimento na Alemanha nazista era inegável, mas o que ficou pelo caminho também é inegável. Ou aquilo que falamos sobre a Rússia.

Sanguinetti: Eu não acho isso. Não me sinto tão em dívida porque acredito que muitas coisas foram feitas.

Não?

Sanguinetti: Não o suficiente, mas foram feitas, sim. Se olharmos, por exemplo, para a pesquisa agronômica.

Mas aí saímos do assunto, não?

Sanguinetti: Por exemplo, digo, para falar de uma ciência aplicada e imprescindível em nosso país agrícola. Trouxemos para cá um sábio alemão, Alberto Bergeer, para fazer as pesquisas iniciais. Em 1911, Eduardo Acevedo propõe a criação das primeiras estações agronômicas, para, segundo ele, formar os filhos dos fazendeiros e fazê-los começar a entender como isso se desenvolve. Propõe também a criação da Faculdade de Agronomia, que se faz com professores alemães, todos alemães.

MUJICA: E os veterinários eram todos americanos.

SANGUINETTI: Sim, os veterinários eram todos americanos.

MUJICA: Importávamos homens de ciência para fundar as faculdades, mas isso foi na época de Batlle.

SANGUINETTI: Isso acontece de 1911 a 1913. É o ministério de Eduardo Acevedo, que é o grande promotor de todas essas realizações que passam a ser fundamentais para o desenvolvimento do país; estamos falando da agronomia. Mas, hoje, de onde vemos aparecer tantos cientistas, felizmente, a propósito da pandemia, onde se formaram? O próprio [bioquímico Rafael] Radi disse há pouco que foi o primeiro a sair do Pedeciba [Programa de Desenvolvimento das Ciências Básicas]. Criamos o Pedeciba em 1985, justamente para o desenvolvimento da pesquisa, sobretudo para socorrer e aperfeiçoar as pessoas, e foi muito importante. E hoje mesmo há quatrocentos cientistas trabalhando para o Pedeciba. Me refiro a isso como um exemplo de coisas muito importantes que foram feitas e que não se pode menosprezar. Que existam dívidas, bem, sempre haverá. Também se criou o Instituto Pasteur, que fez alguns avanços interessantes, e haverá outros. O assunto é complexo, acho que fomos bastante conscientes a respeito da necessidade desse desenvolvimento e talvez onde mais nos custou tenha sido na educação, que a educação entenda... Dentro de nossa própria história, o debate entre Batlle e Figari é um debate muito interessante. Quando Batlle volta da Europa e encara sua segunda presidência, fala com don Pedro [Figari], a quem respeitava e de quem gostava muito – já havia lhe encomendado, nada menos que depois da guerra de 1904, a Comissão de Auxílio –, era um sujeito muito respeitável. Diz a ele: "Don Pedro, como pensei no senhor enquanto percorria a Europa! Vi os museus e a escola de belas-artes de Paris, e acho que o senhor é o homem certo para fazer esta escola [aqui]". E Figari lhe diz: "Não, não, don Pepe, eu já propus a criação de uma escola de belas-artes quando era deputado, mas agora não é assim, a coisa não é assim, e o senhor quer que haja liceus em todos os departamentos, e está muito bem, mas eu acho que não, eu acho que é preciso criar institutos politécnicos". E esse é o debate com Batlle, que, olhando do ângulo democrático, diz que é preciso criar um liceu em cada departamento, porque não é possível que os rapazes do interior não tenham uma universidade. E está bem, era verdade. E, por sua vez, don Pedro, que olhava do ângulo do desenvolvimento, porque este cavalheiro era um antropólogo, dizia: "Não, é preciso criar institutos politécnicos, porque essa é a maneira de criar entidades individuais". E por isso ele acaba brigando com os humanistas, porque diziam: "Não é possível que um filósofo e advogado como o senhor insista tanto com o ensino técnico". E, inversamente, briga com os fabricantes de móveis, porque lhe diziam: "O senhor quer competir de dentro da esfera industrial fazendo móveis e projetos?".

Mujica: Cada um tinha um pouco de razão.
Sanguinetti: Cada um tinha um pouco de razão.
Mujica: Cada um tinha um pouco de razão.
Sanguinetti: E é isso que temos de entender.

SURPRESAS

A cada terça-feira, Sanguinetti e Mujica chegavam à reunião pontualmente, cada um por si, separadamente. Mas, ao final da reunião, saíam sempre juntos. Uma dessas saídas foi memorável porque, quando o elevador se abriu em nosso andar, dentro dele vinham quatro mulheres, que ficaram muito surpresas.

Dissemos a elas para seguir viagem, que não caberia todo mundo no elevador, mas nós é que tivemos de apertar o botão do térreo, porque elas ficaram sem reação diante da novidade: o que os dois ex-presidentes estavam fazendo juntos ali?

Para completar, quando finalmente descemos, um deles pegou o outro pelo braço e saíram assim para a rua. Impossível descrever com palavras a cara do porteiro.

Quarta conversa

Terça-feira, 9 de agosto de 2022

Queremos retomar nossas conversas com uma coisa em que ficamos pensando, uma coisa com a qual nos engajamos da última vez. Em algum momento falamos do amor e da importância de que pessoas como os senhores falassem sobre isso. Falamos um pouco, mas queríamos nos deter no seguinte: em como a ideia de família, com o tempo, parece ter ficado mais ligada a certa noção tradicional, ou ficou nas mãos do que poderíamos considerar certos grupos de direita mais tradicionais, inclusive a própria Igreja. E em como nunca mais voltou ou se compartilhou a importância dessa instituição, inclusive no discurso político mais amplo. Então nos interessa saber qual é a ideia que os senhores têm a respeito da família e sua importância, se é que ela tem alguma hoje em dia. E se é importante recuperar algo ou deixar uma ideia formulada a respeito disso para as gerações mais jovens. Como foi que a viveram? Como é a família de vocês?

Sanguinetti: Para além do lado pessoal, a família continua sendo um núcleo social fundamental. Digamos que ela é o primeiro núcleo social. O primeiro núcleo social é o casal humano e o que se constrói ao seu redor. Se olharmos de uma perspectiva histórica, bem, a família foi mudando, não? Sem precisarmos recuar até a época tribal e dos clãs, digamos que em nossa civilização, ou em nossa cultura, ela foi muito importante. Naturalmente, a família, há um século, era uma família – há um século não, há mais de um século, há um século e meio, dois séculos – a família era uma família grande, não? Era como a família romana, havia filhos, netos, enteados, parentes, tanto na família rural, claro, quanto na família urbana. Por isso as casas eram grandes, tinham muitos quartos, muitas peças, mesmo as casas pobres, os famosos cortiços. Ou seja, a família sempre foi um fenômeno, e depois foi diminuindo cada vez mais, cada vez mais, e passou a ser apenas a família nuclear. Depois, a família nuclear, por sua vez, passou a ser mais instável, na medida em que, com o processo de laicização, nossa configuração tradicional da família hispana *criolla*, que era a família católica, foi ficando para trás. Essa era sua imagem. Nossa família hispana *criolla*, era isso. Isso se deu em paralelo, digamos, ao processo de laicização da vida social, até que depois, nos últimos anos, começa a ocorrer outro fenômeno que é, digamos, a diversidade familiar. Ou seja, a partir do divórcio geram-se novas famílias, e isso vai acontecendo com maior frequência e logo aumenta a dissolução do casamento e, mais ainda, o próprio casamento se debilita enquanto instituição, e isso vai gerar consequências, de uma maneira ou outra. Houve uma reivindicação cada vez mais individual, e se olharmos desde o *paterfamilias* da virada do século XX, o dos romances e das comédias de Florencio Sánchez, até hoje, há uma distância sideral. Então tudo isso foi uma mudança progressiva, e, no entanto, a família continua sendo um núcleo fundamental. Mesmo dentro dessas circunstâncias, é o primeiro escalão da sociabilidade. É um grande sustentáculo individual. Pode-se ter ou não uma família, mas, se tivermos, é uma sorte, porque sem dúvida é um apoio, digamos, emocional, emotivo, na medida em que se puder manter o núcleo com os filhos, o núcleo com os netos, enfim, tudo isso que representa a família. Nós temos uma história diferente nessa matéria, não?

Mujica: Não acredite nisso...

Sanguinetti: Vamos ver...

Mujica: Não acredite nisso, porque eu venho de famílias italianas, muito, muito apegadas ao sentido familiar, de um avô de muito peso, de muito peso, muito determinante, com filhos já crescidos que não fumavam na frente do pai, com um respeito bárbaro e que discutiam e discutiam sobre a Segunda Guerra Mundial até que o velho dizia *finiscila*...

Sanguinetti: Parem...

Mujica: Parem, e pronto, acabava a discussão.

Sanguinetti: Era o Cordano?

Mujica: Era o Cordano, sim. E, bem, acho que isso era bastante comum. Mas, de fato, houve uma mudança, houve uma notável redução dos laços familiares, que além disso é algo progressivo e que não sabemos onde vai terminar. Mas o assunto é mais complexo.

Então vamos lá.

Mujica: Porque uma das piores desgraças humanas é a solidão. A solidão, não? Me refiro à situação em que não há um outro. Quer dizer, é a falta de alguém com quem compartilhar as vicissitudes da vida cotidiana. Porque somos seres sociais e não podemos viver como os felinos. E há um passado. Eu não sei se existe a memória genética. Desconfio. Desconfio por causa de algumas atitudes modernas, humanas, que vejo. Um vasinho com flores, mesmo que sejam de plástico, ou, num apartamento, uma lareira com lenha, nem que seja a gás, mas que ainda é lenha. Ou o sujeito que vai ao supermercado com o carrinho. Todas essas coisas carregam vestígios de milênios atrás. Não somos tão... E a família também faz parte disso, porque, evidentemente, no mundo antigo, sem o clã a te respaldar, viver a vida era impossível.

Era muito perigosa.

Mujica: Era muito perigosa, no mínimo. Então isso foi ficando pelo caminho, mas não sei o peso que tem essa herança genética que carregamos. Que somos animais sociais, não há dúvida alguma. Agora, daqui para a frente, não sei o que o futuro nos reserva, mas acredito que é uma necessidade humana, uma tremenda necessidade que foi bombardeada por muitos costumes. Primeiro apareceu o rádio, depois a televisão. Tudo isso entrou em cena, não é? E agora muito mais. Há uma série de costumes que estão trabalhando contra. E se chega ao disparate do que comentávamos há pouco: um casal em que cada um está falando, assim, e um diz... são jovens e estão com...

Sanguinetti: Com a cultura do polegar...

Mujica: Também se diz, no meu caso: "Você está velho... você é de outro circuito, pare de resmungar. Sua época passou". Mas não consigo, tenho pelo menos que me referir a isso. Eu não sei se a solidão dentro da multidão é o futuro destino do homem.

Nós percebemos, inclusive, que a família chega a ter má reputação. Que só fica bem na boca de algumas instituições, a Igreja... E que, em termos gerais, você vai se queimar falando da família, então meus amigos são a família...
MUJICA: E há outra coisa. Pode ser que a família esteja se enfraquecendo, mas quando alguém tem uma causa que lhe polariza a vida, que conduz sua vida, aparece isso que se chama de "companheiros", que têm níveis distintos, claro, um mais próximo, outro mais distante, mas que também cumprem o papel da família. Vi isso agora mesmo, com minha companheira machucada. [Na semana anterior a esta conversa, Lucía Topolansky sofreu um acidente doméstico e teve que ser internada por ter fissurado o quadril e fraturado o pulso.] Temos o privilégio de que apareça um companheiro voluntário em todo lugar, para dar uma mão, "do que você precisa?". E isso quer dizer que surgem afetos mais além. O que começa sendo um encontro em matéria de ideias acaba também gerando vínculos afetivos que tendem, em parte, a cumprir o papel da grande família que já não temos.

O senhor sentiu falta de não ter uma família? Não gerar uma família?
MUJICA: Bem, quando me fiz essa pergunta já era tarde.

E qual foi sua resposta?
MUJICA: Respondi a mim mesmo que foi uma pena. E me senti prejudicado, claro. Mas é assim. Eu acredito

na importância do casal e da família. E que isso esteja desmoronando... E, bem, posso ser antiquado, não tenho vergonha de admitir. É formidável ter uma companheira que envelhece junto com a gente e com quem podemos trocar, que conhece todos os defeitos que a gente tem, e vice-versa, e poder trocar permanentemente. Porque, que sentido tem a vida se não há afeto? Hein? Qual é a recompensa da vida? Isso se por acaso existir alguma recompensa, se existir. Justamente essas pequenas coisas que não ficam para a história, mas que compõem o capítulo dos afetos. Como não dar importância a isso? Se a defesa da família se transformou numa coisa um pouco reacionária ou conservadora, a culpa não é minha, não é minha. Mas tomara que todos os seres humanos possam ter uma família. Oxalá possam ter uma. Porque me parece que é o núcleo fundamental de sentir e cultivar esses pequenos afetos cotidianos que não passam à história, mas que constroem nosso passado. Eu acredito que nós, humanos, somos muito emotivos, e isso faz parte de nosso eu. O que acontece é que, às vezes, parece que temos vergonha de admitir isso. Temos uma ideia...

Um prurido.

Mujica: Uma espécie de prurido de que essas coisas são reservadas etc., e não se exteriorizam. E, bem, o pior das pessoas que moram na rua não é morar na rua, é andar sozinho, porque se você andar com outra pessoa já é diferente.

Sanguinetti: Eu posso acrescentar o seguinte: para mim, em toda minha vida, a família foi muito importante, foi minha formação... Convivi com meus avós e conheci duas de minhas bisavós: a bisa Cedrés, mãe de meu avô, coronel Norberto Sanguinetti, e a bisa Ciríaca Silveira, viúva de Chiquito Saravia. Ou seja, cheguei a conhecer duas de minhas bisavós. E depois meus avós. Chegamos a morar todos juntos.

Com os quatro?

Sanguinetti: Não, não com os quatro. Chegamos a morar quase todos juntos. Eu nasci na rua 8 de Octubre, ali éramos os Sanguinetti. E depois moramos na rua Juan Paullier e ali moravam meus dois avós, meus pais e minhas quatro tias: Maruja, Elba, Aída, com seu filho Pocho Saravia, meu primo-irmão, e minha tia Chiche. Era uma coisa, era um batalhão aquilo, uma coisa enorme, gigantesca...

O almoço aos domingos. A Itália...

Sanguinetti: Não, aos domingos não, todos os dias, era todos os dias. Em seguida, naturalmente, isso foi se fragmentando. Na casa passamos a morar papai, mamãe, minha irmã e eu, ninguém mais. Depois a coisa continuou a evoluir, mas foi muito importante em toda minha formação. Meus avós e meus pais, todos eles, e as respectivas famílias, não? Por exemplo, todas as lembranças que tenho de meu avô militar eu as tenho por causa de minha família *blanca*, porque meu avô nunca falava sobre guerras, esteve na de 1897, na de 1904, falava de política todo o dia, de guerra não queria falar nunca. Comia depressa e começava a comer as uvas assim. Eu dizia: "Por que come tão depressa?". "Aparicio

Saravia foi quem me ensinou. É preciso estar sempre uma refeição à frente." Depois meus filhos e depois meus netos. E agora, como diz Pepe, qual é nossa maior alegria agora? Um neto que infelizmente mora no Paraguai, mas nos deu o primeiro bisneto. E então agora nossa maior alegria é quando nos vemos no maldito telefone, que, no entanto, tem algo maravilhoso...

Mujica: Claro, claro...

Sanguinetti: Eles nos mostram o bebê engatinhando, Julio León engatinhando. Vejam como a família é importante, meu neto lhe deu o nome de meu pai, Julio León. Então de novo há um Julio León Sanguinetti. E ver isso junto com Marta é nossa maior alegria...

Mujica: Sim, sim...

Sanguinetti: Vê-lo engatinhar e ver que olha para nós e sorri. Ainda não completou um ano de idade, mas é essa continuidade histórica. No meu caso, digo, em sempre vivi dentro da família, sempre. E reconheço que houve influências fundamentais em todos os aspectos, nos interesses, nos hábitos de comportamento, nos modos de encarar a vida, até na comida.

Mujica: Neste processo pelo qual a família está passando há uma relação que está perdida, a dos avós com os netos. Que cumpriu um papel histórico importante. E me atreveria a dizer que as próprias crianças têm necessidade de um avô. Porque há uma relação talvez ancestral, que tem um rastro provavelmente genético, não sei, da velha família. Porque atrás de nós temos milhares de anos e esta etapa é relativamente curta se compararmos... e é preciso ver que, no mundo primitivo, eram os velhos que transmitiam a cultura e as tradições para os mais jovens.

Sanguinetti: É o primeiro fator de educação.

Mujica: Mas claro, e a gente vê estas coisas: num grupo tribal, a direção política é dada pelo conselho de anciãos, que se encarregam de formar as crianças. Isso funcionou por milhares de anos, em todos os lugares. A criança de hoje tem o telefone, tem outras coisas, mas não tem o avô.

Sanguinetti: De fato há algo interessante nisso que Mujica falou... A China é um país que, devido à velocidade de suas mudanças recentes, apresenta uma superposição de categorias históricas diferentes. Então, por um lado, vemos esta China moderna, hipertecnologizada, e no meio disso um Estado que ainda se diz comunista, e, por outro lado, uma economia de mercado e uma família tradicional que, segundo dizem as pessoas que conhecem profundamente a China, continua sendo fundamental, e é uma família na qual os avós cumprem o grande papel educativo.

Mujica: Têm um peso incrível. E, além disso, a cultura chinesa tem um respeito e uma veneração pelos avós. Os japoneses também.

Bem, suponho que os chineses continuem a cantar cantigas de ninar que têm mais de mil anos.

Mujica: Claro.

Mas os japoneses, em Okinawa, que é a cidade em que há mais pessoas centenárias, têm um comportamento incrível. Há documentários sobre isso: os anciãos brincam

durante o dia com os netos, e não só com os seus, e todos se beneficiam disso.

Mujica: E as crianças adoram, por exemplo, ensinar aos mais velhos as questões digitais, e também entender. Aí há uma via dupla.

Sanguinetti: Agora exercem uma certa superioridade...

Mujica: Sim, claro.

Resta ainda uma coisinha, antes de passarmos para outro assunto. Mujica disse antes que, se a vida tinha alguma recompensa, talvez fosse a do amor. Que recompensa a vida nos dá?

Sanguinetti: Hoje é o bisneto. Mas antes foram os netos, e antes ainda foram os filhos, e todos foram se superpondo e continuam a ser [recompensas]. Nossa reunião familiar é aos sábados, e aí é sempre uma comédia italiana, com todo mundo falando ao mesmo tempo. E ultimamente descobrimos uma coisa única, inesperada. Quando estávamos na pandemia, como cuidamos muito uns aos outros, começamos, aos sábados, da uma às duas horas, a fazer o aperitivo por Zoom. E assim, nunca estavam os dois filhos, quando Emma não estava, estava Julio Luis, os netos, tudo via Zoom. E o que acontece? Tínhamos um neto no Paraguai e outro neto – um sobrinho-neto, que é a mesma coisa – na França, que agora está na Espanha. E então descobrimos uma dimensão diferente, um sobrinho na Argentina. E aí descobrimos uma dimensão diferente de comunicação.

Mujica: Interessante.

Sanguinetti: Porque o de Paris comentava alguma coisa e eu dizia algo, ou o do Paraguai, que tal isso, acontece isso, ou aquilo, ou outra coisa. Bem, então chegou a um ponto tal que a pandemia passou e continuamos nos falando por Zoom...

Para integrar os que estão fora.

Sanguinetti: Isso, porque integramos os que estão fora...
Mujica: Muito bem.
Sanguinetti: E há um momento no qual, além das comunicações pessoais, individuais, que existem...
Mujica: Há uma coisa familiar.
Sanguinetti: Um momento de comunidade familiar... em que todos falamos, contamos um pouco as coisas uns aos outros. E, além disso, com o passar do tempo, acabamos, digamos, incorporando o Zoom, não mais como uma ferramenta estranha, mas como um mecanismo tão natural que podemos nos comunicar como se estivéssemos lado a lado, embora não estejamos.

Lembram-se de *Os Jetsons*, o desenho, quando tocavam a campainha e aparecia a telinha e a gente pensava que aquilo era o futuro?

Sanguinetti: Uma loucura.
Mujica: Parecia uma loucura.

Diga-se de passagem, entre parênteses, depois do Plano Ceibal, num momento em que o governo de Tabaré Vázquez distribuiu *tablets* para os avós, lembro de ter

debatido com amigos sobre a necessidade de dar *tablets* aos avós. E o principal uso que muitos deles deram aos aparelhos foi o de conseguir falar à distância com os filhos e os netos.

Mujica: Claro, claro.

Sanguinetti: E não se sentirem à margem, não se sentirem à margem.

Estamos falando sobre família e já conhecemos o papel das mulheres na sociedade, na família, e como isso foi evoluindo. Como os senhores veem este momento, a luta pela igualdade de direitos e o necessário ajuste dos vínculos entre os gêneros?

Mujica: Para mim é quase uma evolução natural. Primeiro, que isso nem é tão novo, tem antecedentes antigos, e sempre esteve aí. Mas há uma mudança determinante. O papel da força de trabalho, nisso e em tudo o mais, já não é o mesmo, já não cumpre o papel que cumpriu historicamente. Há uma transformação que acontece no sentido de se buscar a habilidade e a inteligência, e isso só vem crescendo. E parece um fato secundário, mas, para mim, é decisivo, um fato que muda tudo. E também é inquestionável que a sociedade, boa parte da sociedade, tem um lastro patriarcal e de dominação. Mas a evolução contemporânea, no campo do trabalho e em tudo o mais, faz com que, evidentemente, isso não seja um problema de igualdade, mas um problema de identidade. Não somos nem nunca seremos iguais, felizmente. Felizmente. Somos uma sábia construção da natureza, que se compensa mutuamente, e que é uma coisa intransferível. Uma coisa é falar de igualdade de direitos, que é óbvia, e, outra coisa, de igualdade fisiológica e tudo o mais. Felizmente, porque não sei como são as mulheres sozinhas, mas acho que os homens sozinhos são um desastre. Um desastre. E aí há um peso notório da natureza feminina numa série de pequenas coisas da vida e creio que, por sorte, isso existe. Mas quando o pêndulo se move, claro, nos extremos, de repente surgem questões de uma estridência que são um pouco chocantes para um lado e para o outro. Eu acho que estamos num momento desses, de vaivém, não? Há um feminismo que despreza os homens, que diz qualquer coisa. Também há algumas coisas do outro lado que são terríveis. Eu acho que o pêndulo está se movimentando, mas a resposta mais importante está sendo dada pelas universidades e pelo que está acontecendo no campo intelectual, onde o mundo feminino vai adquirindo uma escala e uma presença que, por exemplo, na Justiça, daqui a pouco terão que...

Sanguinetti: Vamos pedir cota.

Mujica: Vamos ter que pedir cota, sim.

Sanguinetti: É assim.

Mujica: E eu acho que os trabalhadores deste futuro mais eficiente são universitários. Quer dizer, esse peso que existe, que temos, num mundo administrado centralmente pelos homens, vai se diluir, isso me parece inevitável. E as mulheres aí têm muito o que dizer, e vão aparecer no campo empresarial e vão invadir tudo.

Também é verdade que, embora não estejamos falando sobre isso, há certas urgências, como nesse assunto dos feminicídios, uma loucura...

Mujica: Isso é uma patologia do machismo, evidentemente. Para nós, homens, é muito difícil aprender a perder. Nos custa muitíssimo. É um problema que temos, que também é cultural.

Sanguinetti: Ainda.

Você o que pensa, Julio?

Sanguinetti: A evolução do papel ou da posição da mulher na sociedade mudou com o passar dos séculos, porque o sentido da família também mudou. E não podemos ignorar que as religiões monoteístas relegavam a mulher a um segundo plano e que todas as conquistas...

Mujica: E, além disso, religiões nascidas à beira do deserto...

Sanguinetti: Exatamente. E toda a filosofia liberal foi justamente a valorização do papel da mulher na família e como indivíduo, digamos. Foi uma longa luta que, em nossa sociedade – e volto a falar da sociedade hispana *criolla*, que é uma sociedade de tradição católica, tradicional –, a mulher tinha o papel tradicional ao qual era relegada. Sua principal profissão era a de esposa, e ela era preparada para isso. E seu horizonte de trabalho eram as tarefas domésticas e a criação dos filhos. Então, naturalmente, isso foi gerando, digamos, uma luta em favor de sua emancipação. Pois há coisas que hoje podem nos parecer absurdas, e que foram revolucionárias. Quando, em 1912, cria-se a universidade feminina...

Mujica: Para que as famílias conservadoras se animassem a mandar suas filhas... Há um discurso de Zorrilla de San Martín se opondo a isso que é vergonhoso, visto com os olhos de hoje... Opunha-se a que as mulheres estudassem, porque dizia que iriam perder o doce gosto das questões do lar, e coisas do tipo. E era Zorrilla de San Martín...

Sanguinetti: Bem, no livro que publiquei há pouco, transcrevem-se coisas impressionantes nessa matéria, absolutamente impressionantes. As escolas mistas, por exemplo, mereceram uma impugnação violentíssima já na época de Varela. Chegaram a ser chamadas de "lupanares do Estado", foram estigmatizadas pelo pensamento católico, por tantos religiosos, monsenhor Soler, monsenhor Jacinto Vera... Soler era um homem formado em teologia, mas é preciso ver as coisas que dizia. Está escrito num livro, não numa reportagem de ocasião, por exemplo, dizer que as escolas mistas iam transformar as mulheres em machonas e os homens em maricas. Isso dito exatamente com essas palavras, pelo monsenhor Mariano Soler, há cem anos. Ou seja, foi um processo, uma evolução difícil, por isso digo que hoje parece anacrônico. Então com isso estou dizendo que foi uma longa batalha. O divórcio também foi concebido como uma expressão da emancipação, porque na família tradicional a mulher era oprimida. Consequentemente, a possibilidade de dissolver o vínculo era algo que se atribuía à mulher. O homem não precisava dissolver o vínculo porque era ele quem mandava. O famoso debate que terminou desembocando na dissolução por vontade exclusiva da mulher começou com um projeto de dois deputados *batllistas*, Areco e Arena, que propunham o divórcio segundo a vontade de cada um dos cônjuges. E, como houve um enorme debate, finalmente Vaz Ferreira disse: "Bem, pode-se buscar uma conciliação, que seja apenas um direito da mulher, que é a mais fraca nessa relação". E aí nasce, digamos, o divórcio por vontade exclusiva da mulher. Que são coisas que foram sendo conquistadas passo a passo. A investigação de paternidade, que hoje parece uma coisa um pouco estranha, e depois os exames de DNA, algo muito particular, não? Quando eu estava na faculdade e estudávamos Direito Processual e falávamos sobre a prova, no capítulo da prova, e como se podia provar isso ou aquilo, me lembro que uma vez o professor disse: "Bem, o que acontece é que a maternidade é um fato, e a paternidade uma opinião". Hoje há exames de DNA. Então foi uma evolução complexa, nas escolas, nos liceus, nos empregos públicos. A primeira cota foi adotada no primeiro governo de don Pepe e o Correio foi o lugar em que foram trabalhar as primeiras mulheres a entrar num emprego público, as primeiras a trabalhar na administração pública. Foi todo um episódio, digamos, e assim sucessivamente, até a conquista do voto. Não nos esqueçamos de que a conquista do voto é um fenômeno absolutamente moderno. E, embora pareça paradoxal, uma coisa que acelerou extraordinariamente o avanço do papel da mulher foram as guerras. Porque, claro, foram as guerras modernas, e depois a guerra de 1918, em que os homens tinham ido lutar e as mulheres...

Mujica: Claro, foram para as fábricas e para todos os lugares...

Sanguinetti: As mulheres foram para as fábricas e para os hospitais. E em seguida as sufragistas inglesas se aferraram a isso. A guerra acabou e elas disseram: "Nós trabalhamos no lugar dos homens, atendemos em hospitais, assumimos seus empregos e agora não temos direito de votar". Por isso o movimento pela emancipação feminina é tão forte na Inglaterra. Depois da guerra, depois da guerra que foi aquela espantosa chacina, a primeira guerra europeia. Então é um processo complexo, em que, felizmente, a filosofia liberal saiu vitoriosa. Às vezes, quando se fala da perda de valores, que também é um discurso muito comum, eu digo que alguns valores se diluíram e outros cresceram. Por exemplo, o valor do papel das liberdades e das igualdades próprias das mulheres é um valor novo, que não existia com este mesmo sentido na época de nossos avós. Então, naturalmente, os movimentos feministas foram logo reivindicando progressivamente todos esses direitos e os foram conquistando. E em nosso país eu diria que já é uma batalha ganha, por tudo que falávamos há pouco. Há mais mulheres entrando em todas as faculdades, salvo nas de Engenharia Civil e Agronomia, até onde sei. Em todas, Medicina, Direito, Psicologia, o que quiserem, mais mulheres se formam. Dos três poderes do Estado, um dos mais importantes, se não o mais importante, o Poder Judiciário, é majoritariamente feminino.

E os outros dois?

SANGUINETTI: Os outros dois, não...

MUJICA: Vamos passo a passo...

SANGUINETTI: Não, mas está crescendo no Poder Legislativo...

Já houve mulheres no Comitê Central do Partido Colorado?

SANGUINETTI: Sempre, sempre houve. Sim, sim, sim, sempre houve e há, sempre houve e há. A primeira, digamos, titular de um partido foi nossa secretária-geral, Marta Montaner. A primeira mulher ministra foi Alba Roballo, no governo de Gestido. Uma das ministras fundamentais em meus dois governos foi Adela Reta. Ou seja, trabalhei com mulheres extraordinárias. E Adela era um fenômeno, um fenômeno extraordinário. Além disso, como especialista em Direito Penal, era uma mulher a quem apelar nas emergências. Costumávamos chamar Adela quando aparecia alguma encrenca que não conseguíamos resolver.

E no MLN [Movimento de Libertação Nacional] havia dirigentes mulheres naqueles anos?

MUJICA: Várias, e tivemos problemas por causa disso. Para nós era fundamental, porque, operativamente, do ponto de vista tático, se não há mulheres, há coisas que não se pode fazer.

Estavam em posição de comando?

MUJICA: Sim, sim, sim, sim, chefa de coluna e tudo. Mas, bem, vejo isso como um... A crescente intelectualização do trabalho inevitavelmente se sobrepõe ao que nós, humanos, podemos dizer. É uma realidade que vai nascendo. Porque, além do mais, a economia não pode perdoar o fato de que se desperdice, se deixe de fora a metade dos cérebros da humanidade. Existe um capital em favor do desenvolvimento humano no crescimento da mulher. Porque a criatividade que podem trazer é multiplicar...

Sanguinetti: E porque, além disso, como são sensibilidades diferentes...

Mujica: Claro...

Sanguinetti: Também partem de mecanismos diferentes de raciocínio, são abordagens diferentes.

Mujica: Exatamente.

Sanguinetti: Porque a natureza não desaparece, e por algum motivo é a mulher que tem o filho, é quem passa por uma gravidez e tem o filho, naturalmente não são fenômenos que se possa ignorar...

Mujica: Isso...

Sanguinetti: São fenômenos que estão na natureza. E a psicologia, porque não é a mesma coisa ser um pai e ser uma mãe. Não é a mesma coisa.

Mujica: Não, não. Dez mulheres podem falar todas ao mesmo tempo e se entendem. É uma coisa incrível, parece uma coisa de louco. Sim, mas se você observar uma mãe que está fazendo algum trabalho caseiro e ao mesmo tempo está atenta ao que acontece com seus filhos, isso tem um peso tal que acabaram incorporando mulheres à análise dos grandes cenários militares, por causa dessa amplitude de visão que elas têm, que é muito diferente da do homem, que tende a focar e a olhar numa única direção, e a mulher tem uma visão muito mais panorâmica. Vocês se dão conta disso?

Sanguinetti: Concordo totalmente, concordo totalmente. A mulher está acostumada a desempenhar vários papéis ao mesmo tempo, enquanto o homem desempenha um só.

Já que concordam totalmente em relação a isso, vou encaminhá-los a outro assunto, que tem um aspecto principal e um subordinado: o paradigma do encarceramento. O Uruguai, neste momento, é o país que está em primeiro lugar na América Latina em matéria de gente encarcerada. Para cada 100 mil habitantes temos 319 presos, a Colômbia tem 242 e a Argentina, 213. Estes são dados que a ONU acabou de divulgar. Temos mais presos do que qualquer outro país da América Latina e, além disso, estamos em 12º lugar no mundo. Bem, dito isso, o paradigma do encarceramento é o que nos interessa. Mas também, já que falávamos sobre as mulheres, as mulheres que estão presas, algumas inclusive com seus filhos, a maioria delas não por ações violentas, mas por continuarem dominadas por seus maridos, que, estando presos, as usam como correio, levando coisas para os presos. Há alguma coisa estranha nisso, não?

Sanguinetti: Mas, quantas são as mulheres e quantos são os homens em nosso país? Já que você tem os números, quantos são os homens?

Muito mais homens do que mulheres.

Sanguinetti: Bem, sim, mas quanto mais, quanto mais...
Mujica: Bom seria se fosse o contrário...

Não, não. Não é o contrário, são os homens que praticam as ações mais violentas. Na verdade, nos acidentes de trânsito a situação é bastante equiparável, mas, nos acidentes em que morre mais gente, são homens os que estão dirigindo, e não mulheres, um pouco por causa daquilo que vocês falavam sobre as sensibilidades e as maneiras diferentes de abordar as coisas. Mas o que nos interessa, em primeiro lugar, é a questão do encarceramento. Até onde iremos com este paradigma da prisão? Para além da questão das mulheres presas e desse tipo de encarceramento que estamos tendo e que não podemos modificar.

Sanguinetti: Eu não sei se isso é um paradigma.

Deixe a palavra "paradigma" de fora.

Sanguinetti: Não, não, não, deixemos assim. Porque às vezes se pensa no encarceramento de um ângulo paradigmático, quer dizer, de entender que a prisão, o presídio, é o modo com que a sociedade castiga aquele que infringiu uma norma, e que ela tem o direito de fazer isso e que se supõe, digamos assim, que seja uma atitude exemplar, não apenas para quem recebe o castigo, mas também para o resto da sociedade.

Mujica: Para o conjunto da sociedade.

Sanguinetti: Outra visão é simplesmente a visão garantista da sociedade. Quer dizer, a sociedade quer preservar suas liberdades, preservar suas garantias, e então marginaliza aquele que agride ou invade essas situações. Naturalmente estamos falando de coisas que se situam no terreno da patologia social. E, certamente, há muitas perguntas a serem feitas. Está claro que com a prisão dificilmente vamos resolver algo, se ela não fizer parte de um processo de reabilitação, coisa que sabemos ser muito difícil. Às vezes porque isso se choca com naturezas humanas que, infelizmente, não são muito redimíveis, e às vezes, muitas vezes, porque, também infelizmente, o peso dos ambientes sociais acaba por reproduzir a situação delitiva, porque se produz um processo de marginalização na sociedade e a reinserção se torna muito difícil etc. etc. etc. Está claro que não há uma solução infalível para isto, porque nenhuma sociedade conseguiu viver sem delitos, infelizmente. E a gente sempre sonha e acredita na possibilidade de que os processos de reabilitação se tornem melhores. Mas, nos últimos anos, em todas as sociedades, vivenciamos fenômenos novos de violência, em alguns lugares devido aos choques culturais da imigração, como acontece na Europa, e, em outros, devido ao impacto das drogas, que transformou a natureza do delito. Aquele velho ladrão já é um fenômeno um pouco estranho, não?

Mujica: Claro, aqueles que não roubavam em seu próprio bairro porque tinham um sentido de comunidade, com códigos etc. Isso já virou lenda.

Sanguinetti: Com as professoras não se brinca, nem com os médicos.

O médico entra no bairro...

Sanguinetti: O médico entrar no bairro, não, não, já é impossível. Bem, esses códigos de bairro que conhecíamos, esses códigos desapareceram faz tempo e hoje, além disso, temos outro tipo de delito. Sabemos lidar com eles? Bem, eu diria que não sei se sabemos lidar com eles. A sociedade reage às vezes um pouco melhor, às vezes um pouco pior. Vamos corrigir isso somente com a prisão? Não. Também está claro que, sem a prisão, a sociedade vai se irritar, vai se excitar e sair em busca de soluções autoritárias. E esse é o difícil equilíbrio da democracia. Não é verdade? Já vimos isso. Quantos líderes populistas, digamos, praticamente racistas, há hoje no mundo, e em países de cultura antiga? Lembremos da Hungria, não? É o país de Liszt, e hoje temos lá o sr. Orbán. E isso é consequência destes choques novos da sociedade e de novos tipos de delinquência.

Mujica: Certas visões autoritárias sempre usam esse cavalo de batalha como um elemento a seu favor, não? Chegam para estabelecer a ordem, para reivindicar, tem sido meio tradicional isso. E como as pessoas às vezes estão irritadas e preocupadas com os problemas de segurança, tendem a acreditar nesse discurso que, fundamentalmente, pela experiência histórica, prenuncia a perda de toda a tolerância que possa existir na vida, na convivência em uma determinada sociedade. É quase uma característica desse tipo de discurso, se aproveitar disso como um elemento. Agora, o problema existe. Há um crescente problema de insegurança em nossas sociedades. Provavelmente, neste caso concreto a que você se referia, provavelmente estamos nos passando. Ou seja...

No caso das mulheres, você diz? E com as crianças também presas, além de...

Mujica: Sim. No caso das mulheres, em que o marido diz "me traz isso, me traz aquilo". É meio excessivo prendê-la por três ou quatro anos, privá-la dos filhos, ou que seja presa com os filhos. Me parece que exageramos. E diria que espero que em breve, de algum modo, encontremos uma maneira de separar essas coisas. Isto não quer dizer que tenhamos de ser permissivos com tudo. Mas me parece que, em vez de corrigir a situação, nós a estamos agravando, pelo que pude perceber...

Sanguinetti: Sim, eu também percebi isso. Mas, digo, em todo caso não é um fenômeno generalizado, o grande fenômeno é outro.

Está certo que é menos generalizado, eu sei que não é, mas também estou pensando nas crianças.

Sanguinetti: São excessos que podem ser corrigidos.

Mujica: Tenho esperança de que existam pessoas com diferentes visões políticas que já estejam vendo este problema.

O senhor diz que estão tratando deste problema? Ou simplesmente vendo?

Mujica: Pelo menos está se vendo, e não se pode corrigir aquilo que não se vê. Creio que, neste caso concreto, começa a haver uma consciência de que perdemos mais do que ganhamos. Porque, além disso, há uma outra questão. Quem adentrar o mundo das pessoas mais pobres verá que é um verdadeiro matriarcado, que o homem é um escapista. O homem passa. E quem tentar enfrentar os problemas do mundo marginal tem que focar sua política nas mulheres que são mães. São elas que podem ter um grau maior de responsabilidade nessa sociedade...

Sanguinetti: A família monoparental com um homem como titular é muito rara.

Mujica: Sim...

Sanguinetti: A família monoparental normalmente é uma mulher sem marido ou sem um companheiro à vista.

Mas há alguma alternativa ao encarceramento?

Sanguinetti: Em termos gerais, ninguém encontrou um meio de fazer isso. Se falarmos em termos gerais. Só se pode combater o crime com a reeducação...

Mujica: Não, não...

Sanguinetti: Só com reeducação, não existe isso...

Não, não. Quanto a isso não há dúvida...

Sanguinetti: E há zonas cinzentas. Há aquelas claramente definidas e há as zonas cinzentas, que são as intermediárias, com as quais podemos lidar. Até onde se consegue reeducar, até onde não se pode reeducar? O que ficou claro é que essas mudanças recentes que ocorreram na sociedade, com as novas modalidades de violência que surgiram e distorceram tanto as coisas, diminuíram o espaço das possibilidades de reeducação.

Mujica: Eu acho que o narcotráfico cumpriu o papel de devastar o mundo curioso por valores – valores entre aspas – que havia no mundo do crime.

Sanguinetti: Assim é.

Mujica: Havia códigos.

Sanguinetti: Isso não existe mais, isso se perdeu. Mas, para mim, mais do que o narcotráfico, o problema é o vício das drogas. Por que o velho ladrão desapareceu? Porque antes ele simplesmente roubava, mas agora é um sujeito que se droga, entra num bar e, como não tem consciência de nada, mata por qualquer motivo...

O senhor diz que isso se degradou ainda mais...

SANGUINETTI: Não, não, não. Eu digo que o narcotráfico se instalou numa realidade que...

Ele também a constrói, não é?

SANGUINETTI: Ele a reproduz, mas o narcotráfico não é o responsável. É a sociedade, a sociedade que deu origem ao narcotráfico. Eu insisto nisso porque há uma cultura pró--droga. Uma cultura pró-droga que gerou...

Um negócio.

SANGUINETTI: Gerou um negócio, com ou sem proibição. Mas, mesmo sem essa proibição, gerou também um tipo de crime distinto. Porque antes o indivíduo, está bem, até podia tomar uns tragos antes de sair para roubar, mas agora ele sai voando e por isso mata com uma grande facilidade. E não estamos falando do narcotráfico, estamos falando do pequeno delinquente. Ou seja, é uma questão muito profunda e muito mais complexa. A solução não se esgota na questão policial, tampouco se esgota no sentido de que, se tirarmos o narcotráfico da jogada, tudo se resolve. Não, não se resolve. Porque há um escapismo em relação à vida, digamos. A droga, definitivamente, o que é? A droga é um mecanismo artificial, em virtude do qual o ser humano que se sente sem forças para enfrentar a vida, por um vazio existencial, por uma angústia, por uma situação de tensão, busca, digamos assim, no paraíso artificial, a solução para esse desequilíbrio emocional e psicológico em que vive.

Um aparte, Julio. Isso é verdade. Quer dizer, me parece que sim. Mas também é verdade que, desde sempre, o ser humano e outras espécies buscam esses estados alterados, não necessariamente no que é artificial, mas nas coisas naturais que existem no mundo. Sei que estamos falando de outro nível de estado alterado que não busca um hedonismo, mas que está buscando um escapismo, não?

Sanguinetti: De acordo.

Mujica: Mas a inteligência humana também age nisto. E não acho que exista um único fator, porque, como atividade de mercado, o narcotráfico tem seu ofício e seus recursos. Primeiro tenta atrair, captar pessoas bastante derrubadas, jovens, e tenta deixá-las viciadas. Para que sejam, por sua vez, distribuidores e propagadores no meio ambiente...

E escravos.

Mujica: E, de quebra, escravos, claro. E essa é uma técnica que se pratica, que depois vem acompanhada da mensagem de terror, se você sair da linha ou não colaborar.

Estamos vendo isso acontecer.

Mujica: É toda uma tecnologia de mercado, simplesmente, que procura expandir o mercado e dominá-lo. É a única causa? Ah, não. Também concordo com vocês, porque existe a novidade, existe isso, porque o pior que pode haver é proibir os jovens de fazer alguma coisa.

Sanguinetti: Eles fazem o contrário.

É assim que temos de estimular a leitura nas crianças, dizer a elas: "Estes livros não são para você"...

Sanguinetti: Certamente.

Mujica: É assim. Este é um fenômeno complexo. Não tem uma solução simples.

Sanguinetti: Não. Por isso mesmo é que quando falo de uma educação mais abrangente, informativa, fica claro para mim que uma campanha de proibição pura e simples das drogas gera mais rejeição do que aceitação entre os jovens. Trata-se de criar os mecanismos informativos adequados para que esses jovens os conheçam e absorvam com consciência, sem se sentirem rejeitados de modo algum.

Mujica: Eu acho, sinceramente, que, a esta altura, essa questão das drogas é algo que deve ser incorporado aos currículos escolares. É preciso falar sobre isso.

Sanguinetti: Tem que falar, tem que falar.

Mujica: Tem que falar, mas não aplastar. Convencer.

Sanguinetti: Pensar, informar.

Mujica: Porque é um mundo meio misterioso este, não?

Como era o mundo do sexo em outra época.

Mujica: Claro, claro.

É um tabu.

Sanguinetti: Sim, um tabu, certamente. É preciso que se fale para que se entenda, porque, volto a dizer, trata-se de uma cultura instalada de modo massivo. Porque poderíamos dizer, bem, isso sempre houve, sim, sim, mas outra coisa é que seja uma perturbação de tal modo global na sociedade. É diferente, é diferente.

Isso nos leva aos meios de comunicação, que também tratam desse assunto de uma maneira muito particular. Dizia-se que o jornalismo era o quarto poder, que o jornalismo botou Nixon na cadeia, bem, na verdade quem fez isso foi um fiscal e um juiz, não? O que os senhores pensam dos meios de comunicação e do fantástico poder que, aliado à tecnologia, alguns deles têm agora? Têm também o poder de desorientar a população mediante confusões ou mediante a má informação. Como é o vínculo dos senhores com esse poder?

Mujica: Será um quarto poder ou será um poder de quarta?

Sanguinetti: Os meios de comunicação talvez sejam o fenômeno mais impactante do ponto de vista tecnológico. A comunicação entre os seres humanos mudou. Como os seres humanos se informavam antes? Primeiro a comunicação era oral, depois veio o panfleto que se lia na ágora grega ou o panfleto da praça romana. Depois surgiu o jornalismo escrito, que passou a ser muito importante, mas era uma coisa de elite, porque naturalmente estava associado à alfabetização. E isso foi evoluindo progressivamente, até que, nos últimos cinquenta, sessenta ou setenta anos, passou por uma revolução impressionante. Impressionante, porque primeiro aparece a televisão, que introduz já não a palavra, mas a imagem, que passa a ser fundamental. Chegou-se a pensar que a televisão acabaria com o rádio. Mas a palavra teve um momento de crise e em seguida se recuperou, devido a inúmeras circunstâncias, entre elas o próprio automóvel, porque agora as pessoas passam muitas horas dentro de um carro e o rádio passou a ser algo fundamental.

Há automóveis que já não têm rádio.

Sanguinetti: Também. E depois o fenômeno das redes, que passa a ser dominante. Aí não há um editor responsável. Os jornais impressos entram em crise, e isso para mim é grave, porque eram eles que representavam o debate de maior racionalidade e profundidade. Digamos assim, todos os novos meios exigem uma simplificação. Felizmente, o livro sobreviveu, mas o jornal impresso...

Mujica: E [o livro] vai sobreviver.

Sanguinetti: O jornal impresso luta nas margens, nas margens. O jornal digital já tem uma simplificação maior, sobretudo com essa leitura fragmentada.

E ainda obriga as pessoas a darem dois cliques para ficar sabendo de algo que poderiam saber com um clique só.

Sanguinetti: Certamente. E, além disso, vai te levando de uma notícia para outra, basta ver uma segunda manchete e já clicamos porque queremos ver a outra notícia, não é verdade? Então você está lendo sobre um incêndio na Espanha e de repente Suárez fez um gol e você já dá um clique ali. Acho que podemos chamar isso de leitura fragmentada, e tudo conduz a uma leitura mais superficial. E em seguida vieram as redes. Quando eu era jovem e estava começando a fazer política, havia uma coisa muito comum nas reuniões, dizia-se: "Estão falando isso nas ruas". E lembro de um dia, numa reunião na plateia da rádio Ariel, quando um destes dirigentes experientes, intérpretes das ruas, disse "Estão falando isso nas ruas". E então don Carlos Fischer, que era um velho político nosso de Río Negro, uma grande pessoa, que foi ministro da Agricultura, diz: "Perdão, em que rua estão falando isso? Porque eu moro na rua Mercedes e lá estão falando outra coisa". E agora comigo acontece o mesmo, "Estão falando isso nas redes". Perdão, em que rede? É um jornal reproduzido na rede? É um senhor que tem um blog ou é um trote que não se sabe...

E há também o efeito da "bolha", pelo qual as pessoas que pensam como você tendem a aparecer nas suas redes muito mais do que as que não pensam como você, porque o algoritmo te leva a isso, e então a gente tende a pensar que todo mundo pensa do mesmo jeito, e não é assim, são apenas as pessoas que pensam como você.

MUJICA: Claro, claro.

SANGUINETTI: Exato, exato, exato. Porque o algoritmo te uniformiza. O coreano este, Han...

Byung-Chul Han.

SANGUINETTI: Num de seus livros, ele fala muito sobre como os algoritmos tendem à uniformização. Mas é isso que se vê todos os dias, você entra na Netflix e aparece *sugestão para Julio*. E então, como você viu a série *Borgen*, te sugerem outra série, porque imaginam que você vai gostar. E é assim, o algoritmo tende à uniformização. Nos *streamings* ainda se tem uma margem de liberdade um pouco maior, mas, cotidianamente, a agressividade constante das manchetes é...

Mujica: Terrível...

Mas os senhores, como personagens públicos que são, como vivem o diálogo com a imprensa? Como se relacionam com os meios de comunicação de hoje? Sentem-se mais inseguros? Têm de tomar outras precauções?

Mujica: Eu não.

Mas eu me lembro que vocês tiveram alguns desentendimentos. O senhor teve alguns desentendimentos com a imprensa.

Mujica: Bem, às vezes a gente também pisa na bola, não é?

Claro, isso nem se fala.

Mujica: Pois é, sei lá. Uma vez eu disse para um jornalista, inocentemente, "Não seja um nabo", porque estávamos falando sobre agricultura. Acabei com o sujeito, acabei, mas a verdade é que eu não falei aquilo com más intenções.

Sanguinetti: Mas virou um...

Virou um meme.

Mujica: Claro, sei lá, às vezes a gente se sai com uma dessas. Mas o jornalista faz o seu trabalho, aqui há um problema, o trabalho do jornalista e o grau de independência que ele tem, porque no fundo ele também é um trabalhador que ganha a vida numa empresa, e essa empresa tem as suas coordenadas. Não quer dizer que a empresa o obrigue a fazer algo, mas naturalmente ela tem a sua orientação. E, certamente, como acontece com empresas do mundo inteiro, há uma tendência à concentração dos meios de comunicação e isso também está se dando na esfera jornalística. Agora, sei lá, o Grupo Clarín, por exemplo, tem um certo peso no Rio da Prata. O grupo Magnolio de repente está crescendo aqui no Uruguai.

Agora há pouco comprou [o semanário] *Búsqueda*.

MUJICA: É verdade. É notório, é notório que há uma tendência à concentração dos meios de comunicação, mas não é uma concentração jurídica, de direito, é uma evolução que de fato está pautada mais pela economia.

SANGUINETTI: Pela necessidade econômica.

MUJICA: Certamente. Não é que alguém tenha decidido que se faça a concentração, não, senhor, é uma evolução da economia que está determinando isso.

SANGUINETTI: É assim. Aí há dois ou três processos paralelos muito importantes. Antes os jornais tinham uma orientação e uma identidade.

Claro. E elas eram conhecidas.

SANGUINETTI: Eram conhecidas, claro. Quer dizer, *El Debate* era herrerista, *El País* era branco independente, *El Día* era batllista da Lista 14, nós, de *Acción*, éramos da Lista 15, os comunistas escreviam para o *Justicia*, e pronto. Ou seja, não havia debate, sabia-se qual era a orientação de cada um. E depois se fazia um jornalismo melhor, ou um jornalismo pior, mais independente ou mais atraente, eu diria, mas não havia debate. Na página de política, você já sabia, não é que fossem mentir, mas sempre iriam olhar para as coisas do ângulo do jornal, quanto a isso não havia dúvida. Nos últimos anos, à medida que os meios em papel e os jornais mais pobres foram caindo, pois nenhum deles conseguiu sobreviver, porque foram caindo um a um, até não sobrar nada, digamos assim. Que jornal ainda existe em papel hoje? Temos *El País*, *El Observador* aos sábados...

MUJICA: Mas *El Día*, do Partido Colorado... termos enterrado esse templo...

SANGUINETTI: Horrível.

MUJICA: Era uma igreja laica...

E o que ficou no lugar, outro templo...

MUJICA: Um antro.

SANGUINETTI: Uma casa de jogo, uma *timba*.

E *La Mañana*, continua a sair?

SANGUINETTI: Mas *La Mañana* é um semanário. Então tudo isso foi mudando, não? *El País*, por exemplo, em certo momento descobriu, ou assumiu, que em Montevidéu, que era sua base principal, a maioria dos leitores eram da Frente e, consequentemente, teve de assumir que na linha informativa precisava ter uma neutralidade maior que a tradicional. E assim aconteceu. Mas sempre respondeu, em seu tempo, a seu imaginário. Basta ver as manchetes da época da guerra, que foi uma época tão definidora, *El País* tinha manchetes iguais às de *El Día* e muito diferentes das de *El Debate*, que era neutro, por exemplo. E naquele momento todos existiam. Houve um processo de concentração que naturalmente criou uma situação nova e distinta. Paralelamente, o jornalismo independente foi crescendo. O jornalista com assinatura, que antes era uma coisa excepcional, excepcional. Antes era "*El País* diz", agora é "Ferreiro diz" ou "o outro diz", ou "Arbilla escreveu". Então passou a ser um fenômeno totalmente distinto. E hoje o fenômeno dominante são as redes, que não são jornalismo. E esse é o grande problema, e o desafio do jornalista, ou dos meios jornalísticos verdadeiros, é o de não confundir o que é informação com o que é opinião. Em resumo, não vender gato por lebre. O que é informação é informação, o que é opinião é opinião. Naturalmente, a objetividade absoluta é impossível, como na História, porque, em função de certos parâmetros, vai se valorizar um fato mais do que outro. Mas, como diz Ricoeur, historiador francês...

Paul Ricoeur?

Sanguinetti: Paul Ricoeur, sim, falando da história da política pública, diz: "O que não se pode perder é a intenção de verdade". Então essa é a dificuldade do historiador e a dificuldade do jornalista, que é o historiador da vida cotidiana, não?

Mujica: Sim. Eu acho que, em termos globais, o jornalismo, ou, digamos, os meios de comunicação importantes, mais do que o jornalismo, inclusive os orais, os tradicionais, a televisão, não conseguem escapar das realidades econômicas de uma sociedade. E, por mais voltas que se queira dar, são empresas que têm de se ajustar ao seu orçamento, lutar por sua existência e tudo o mais. E tampouco podem renunciar a seu caráter de empresa. Os meios de comunicação totalmente focados numa única direção não se sustentam economicamente com o passar do tempo, evidentemente. A amplitude não é uma amplitude de cabeça, é a necessidade que têm de atender a um mercado, mas também não deixam de ter uma estratificação em sua visão. E, bem, eu acho que cumprem um papel, cumprem um papel importante neste relato. E também refletem o peso dos interesses que há na sociedade. E é óbvio que sempre vão olhar com um pouco mais de ojeriza para o mundo representado por quem tem determinada visão do que para aqueles que concordam com os interesses materiais que eles defendem. Não porque sejam maus, mas porque são seres humanos definidos. Não é um problema nem de maldade nem de bondade. É uma visão que se tem, que vai se refletir nas ações. À medida que as sociedades avançam, essas mudanças também vão se refletir nos meios de comunicação.

SANGUINETTI: E, frente ao fenômeno de concentração que está ocorrendo, aparece também um fenômeno novo, que é bastante notável e é justamente uma réplica ao que as redes e a internet significam. Porque os blogs, por exemplo, passaram a ser o grande meio de comunicação, nos lugares onde não há liberdade de imprensa. Ou seja, com isso o fenômeno de concentração ganhou uma inegável contraposição. E, por sua vez, produzem-se fenômenos que vão se tornando cada vez mais complexos. Por exemplo, as emissoras a cabo entraram em crise em quase todos os lugares. Aqui também já está se debatendo este assunto. O *streaming* mudou muito as coisas. Alguém faz um trabalho por encomenda, e de repente aparece um sinal de internet que preenche um espaço real, frente a um canal de televisão, um sinal que começa a crescer e de repente vale mais do que um canal. Por isso quero dizer que isso mudou completamente os próprios meios. Há vinte anos o Facebook era uma revolução, hoje só os velhos usam o Facebook. Então é uma mudança constante, permanente, que tem um lado ruim e um lado bom. O lado bom é que isso claramente se contrapõe à concentração.

URUGUAI

Aproveitamos uma das últimas terças-feiras para fazer também uma sessão fotográfica. Precisávamos ter certeza de que teríamos uma foto de capa que representasse o espírito daqueles encontros. Queríamos que os dois estivessem à vontade, relaxados, naturais. Decidimos subir até o terraço do edifício em que nos encontrávamos, no centro da cidade, longe dos olhares de qualquer pessoa alheia ao projeto. Enquanto subíamos do sexto andar até o último, comentamos que um livro com estas características só podia ser feito no Uruguai, só aqui duas figuras proeminentes, fortes e também opostas em muitos sentidos podiam se prestar a uma experiência deste tipo. Eles concordaram.

Quando saímos do elevador, chegando a um pequeno espaço iluminado por um sol radiante e exagerado, descobrimos que o acesso ao terraço estava fechado. Era preciso esperar, um pouco desconfortáveis e sem espaço para muitos movimentos. Sanguinetti olhou de modo cúmplice para Mujica: "Pepe, só no Uruguai nos trancam com um fotógrafo, sem segurança, em dois metros quadrados e sem possibilidade de nos mexermos".

Quinta conversa

Terça-feira, 23 de agosto de 2022

Um dia desses li uma coluna que falava de como os jornalistas e os meios de comunicação sentem uma especial atração pela pobreza: vão às favelas, com câmera e tudo, mostram como as pessoas vivem. No entanto, não há essa atração pela riqueza, e é mais difícil que os ricos se disponham a abrir suas casas. Não sei se porque no Uruguai há uma questão de vergonha, de que ser rico aqui é vergonhoso. Qual é o papel dos ricos em uma sociedade? Eles desempenham algum papel? Deviam ter algum compromisso social, ou não necessariamente?

Sanguinetti: Para começar, quando falamos de ricos teríamos de saber do que estamos falando. Quer dizer, se estamos falando de uma riqueza no sentido tradicional, poderíamos falar de certas riquezas ou de certos patrimônios ligados à criação de gado, que tiveram seu tempo, que eram os símbolos da riqueza no século XIX e começo do século XX. Depois vieram as fortunas industriais, que, comparadas às dos demais países da América Latina, com figuras emblemáticas associadas à riqueza e ao poder, nem se vê, nem houve... Talvez o único setor mais articulado para atuar como grupo foi o que se reuniu em torno da Associação Rural, no fim do século XIX, mas foi uma associação modernizadora. Ou seja, a Associação Rural não foi um grupo de ricos defensores da riqueza, mas um conjunto modernizador que tentou...

Mujica: Começando por Ordoñana... [Domingo Ordoñana (1829-1897), fazendeiro uruguaio de origem basca].

Sanguinetti: Começando por Ordoñana. Foi gente empreendedora, que buscava novos caminhos. E aí tampouco se construíram imensas fortunas, porque, quando olhamos para as fortunas da época da independência, não as vemos depois, na época republicana. Quem foram os grandes ricos do século XIX? Eram os Durán, os García, os García de Zúñiga, Suárez, cuja fortuna o filho tratou de liquidar...

Mujica: Isso foi uma característica daquela época.

Sanguinetti: No período republicano não se veem grandes senhores de terra com uma influência tão grande quanto a que exerceram na Argentina. Basta andar por Buenos Aires, a Buenos Aires opulenta do fim do século XIX, para ver as grandes casas dos Anchorena, dos Unzué, dos Posadas, de Pereda, o prédio da Embaixada do Brasil. Isso no Uruguai não existe. A casa mais opulenta de Montevidéu era a de um comerciante, Taranco. E, na nossa geração, aquele que poderíamos chamar, digamos, de criador de gado emblemático, que podia ser um símbolo da riqueza, era don Alberto Gallinal, que era um homem de vida sóbria e que trabalhou muito socialmente. Sendo o arquétipo da classe conservadora, era, no entanto, um homem com sensibilidade social.

Ele é adorado ainda hoje...

Sanguinetti: Sim, por isso. Porque aqui se falava dos Gallinal como na Argentina se falava dos Anchorena, mas não tem nada a ver.

Pepe, o senhor tem uma visão como a da época em que via os ricos como inimigos, como um inimigo de classe?

Mujica: Isso é esquemático demais... Vamos por partes. A medida de riqueza de nosso país tem de ser proporcional ao que somos. Se formos compará-la num nível internacional, inclusive latino-americano, em geral a economia uruguaia não chegou a dar oportunidade para essa coisa explosiva...

Sanguinetti: Exato.

Mujica: Agora, historicamente nós começamos... somos descendentes de países feudais, que, naturalmente, quando começam a colonizar, não conseguem ser outra coisa além de feudais em sua forma de distribuir a terra. Não tem nada a ver com a distribuição que os ingleses fizeram nas sete colônias, que entregaram a quantidade de terra necessária para cada família e rapidamente criaram uma sólida classe média. Para completar, aqui no Rio da Prata havia a criação de gado. Para o bem ou para o mal, somos filhos da criação de gado, que não precisava de muita mão de obra. Por isso, na distribuição da população, desde muito cedo parecíamos um país industrializado, porque na hora da safra não se precisava de milhares de braços, e isso vai influir em nossa história. Mas a terra e a concentração da [propriedade da] terra sempre teve muito peso. E, além disso, há outro fenômeno: a adaptação aos altos e baixos do mercado internacional. Muitos de nós pensávamos que o fazendeiro era um homem antiquado do ponto de vista tecnológico. Esse mito existiu. Aprendeu por instinto, com a realidade, que botar dinheiro no campo era um perigo. Era melhor ter um campo, porque, quando vinha a crise causada por uma variação de preço internacional, na verdade a maior produtividade aparente dos custos te derrubava. Então, não é um problema de responsabilidade individual, mas uma adaptação ao mundo. Era mais vantajoso tentar comprar um pedaço de terra do que gastar com ela. Isto produziu uma contradição histórica no Uruguai, porque a terra poderia produzir muito mais, sim, mas quando poderíamos vender? E cuidado, porque este problema da crise de preços gerou cataclismas políticos no Uruguai, não se pode entender uma parte da história do Uruguai se não levarmos em consideração os termos de intercâmbio. Isso vai nos marcar um pouco... Dito isso, obviamente que os ricos têm uma responsabilidade para com a sociedade, porque têm mais oportunidades, evidentemente. Têm acesso mais fácil a um ensino melhor e a outras coisas. Agora, quando falamos sobre isso, temos que falar de fulano de tal ou beltrano de tal, porque existem ricos mesquinhos e há outros que têm um espírito relativamente distributivo e social. Há enormes diferenças, isso é notório e conhecido. Não se pode botar todos dentro do mesmo saco, e isso acontece até hoje. Há empresas que nunca têm conflitos, quase não têm conflitos, e há outras que os têm periodicamente, o frigorífico de Durazno teve muitíssimos problemas. Então...

Sanguinetti: É de japoneses agora, não?

Mujica: Sim, era de um inglês, os japoneses o compraram. Mas há outro em Durazno que me parece que é menor.

Sanguinetti: Ah, sim, há outro menor...

Mujica: É esse que tem problemas...

Sanguinetti: Estou pensando em duas coisas. Sem dúvida alguma, todo aquele que tem uma riqueza superior à média tem uma responsabilidade social, isso é inquestionável. Eu diria que até por egoísmo, porque, se deseja viver numa sociedade pacífica e tolerante, tem de começar por ele mesmo. E, felizmente, volto a dizer, aqui não tivemos senhores feudais. Aqui vou fazer uma reflexão mais antropológica. A criação de gado é muito importante também porque gera sociedades mais igualitárias, as sociedades a cavalo são sociedades mais igualitárias. Por algum motivo o cavalheiro é aquele que tem um cavalo, e quem tinha um cavalo na Europa...

Mujica: O Uruguai é o país que tem mais cavalos *per capita* depois da Mongólia...

Sanguinetti: ...na Europa histórica era um cavalheiro, e aí está o porquê da palavra, a conotação que ela tem. E o igualitarismo que se vê nas origens de nossa sociedade hispana *criolla*... é um tratamento bastante igualitário entre as pessoas, muito pouco classista.

Mas é estranho isso, não? Nesse esquema dos *blancos* do campo e dos *colorados* da indústria, a posse de um bem material como uma fábrica ou uma máquina parece ser diferente da posse da terra, que confere um ar de senhor feudal, de dono de estâncias e de vidas. Por um lado, o senhor diz que é igualitário, mas o fato de alguém ser proprietário da terra não lhe dá um status...?

Sanguinetti: Também se dá àquele que trabalha a cavalo, é a isso que me refiro. Se você olhar para Río Grande, Entre Ríos, Santa Fe, para a própria Província de Buenos Aires... Veja, por exemplo, Darwin, quando faz sua viagem com o

Beagle e descreve Rosas. Chama-lhe a atenção a familiaridade com que ele trata seus empregados, seus peões, sendo um homem tão poderoso. E também dá para perceber isso em nossos próceres, que, para o bem ou para o mal, eram as figuras mais importantes de seu tempo, e que provinham de famílias moderadamente ricas, como eram as famílias da época. É o caso de Lavalleja, o caso de Artigas, ou, mais tarde, o de famílias mais ricas, como a de Rivera ou a de Suárez. Mas estou me referindo à sociedade. As civilizações agrícolas que requerem muita gente, massivas, não são iguais a estas, é a isso que me refiro. Agora, isso que você está dizendo também tem uma tendência ou uma construção, digamos, ideológica, isso de que o senhor da terra sente uma superioridade frente ao do comércio, daí que em nossa cultura e em nossa civilização ele sempre seja visto com uma atitude quase condenatória. Essa postura vem desde as origens de nossa civilização e ela logo dá lugar a inúmeros debates dentro da filosofia cristã e dentro das divisões do cristianismo.

MUJICA: Eu acho que a terra é como o fogo e a água, tem certos poderes mágicos. Primeiro, uma questão ancestral. Culturalmente, ser rico é ter muita terra. Muitíssimas pessoas na América Latina tendem a confundir uma coisa com a outra. Mas é um bem que tem, além disso, outra característica: é ideal para valorizar, porque a longo prazo seu valor sempre aumenta, não existe fábrica de terra, a terra é sempre a mesma, o que aumenta é a demanda. Tem que haver revoluções socialistas para que o preço baixe, mas elas não estão na moda, nem sequer é uma tendência geral. Inequivocamente, é sempre uma acumulação. Em grande parte, o negócio do gado no Uruguai foi um bom negócio imobiliário a longo prazo, com uma baixa produtividade, em termos gerais, mas seguro. Não é espetacular, mas é seguro. Por outro lado, com o investimento industrial é preciso andar sempre preocupado, rebentar a alma, é um negócio arriscado, e é algo que começa a envelhecer desde o primeiro minuto, é preciso passar a vida repondo esse investimento etc. etc. É diferente. O valor da terra é algo mais cômodo, seguramente não é tão produtivo, mas muito mais cômodo. E acho que teve um grande peso social em nossa história, até mesmo nas decisões políticas, pesou e teve uma grande influência. Uma das derrotas mais duras de Batlle foi na questão tributária, muitos de nós fomos derrotados, e o valor em jogo não era tão alto, era o peso que isso tem, cultural e tudo o mais.

Como isso repercute no fato de que, se alguns japoneses, turcos e finlandeses chegam aqui e compram o que tiverem de comprar, não acontece nada, mas, quando falamos da posse da terra por estrangeiros, isso nos deixa loucos? Mesmo que não possam levar a terra. Creio que, em seu governo, houve uma questão a respeito dessa estrangeirização da terra. Qual é o problema com o fato de estrangeiros serem donos da terra, se não podem levá-la embora?

MUJICA: Há muitos problemas produtivos que é preciso conhecer para analisar isto. Se tudo acontecer apenas por uma questão de especulação, o preço da terra vai aumentar muito, e, numa sociedade de mercado, o preço dos arrendamentos, paralelamente, também aumenta. E o agro uruguaio se baseia cada vez mais no arrendamento. Por exemplo, 80%

da terra em que se cultiva o arroz é arrendada, 50% da terra dos tambos é arrendada, e isso continua a crescer. Se o preço, se o valor da terra subir demais, você vai deparar com uma dificuldade para aquele que efetivamente trabalha, porque tem de pagar um valor muito alto pelo arrendamento, e ainda é arriscado. E vai gerar um benefício indireto para quem não trabalha, para quem arrenda diretamente a terra. Isso tende a acontecer na economia uruguaia. Hoje, uma das maiores ameaças enfrentadas pelo setor de laticínios, por exemplo, é o preço dos arrendamentos. A luta pela colonização tem a ver com qual colonização cobra mais barato. É uma maneira de "suicidar" os pequenos produtores de leite. É uma forma de suicídio, eu quase diria que a colonização deveria se especializar nisso hoje, porque o leite é uma matéria-prima importante, que gera valor agregado. É outra história. É algo ao mesmo tempo muito bom e muito ruim, agora, para quem tem muito dinheiro fora, muitos dólares. Convém comprar terra aqui ou na Argentina, mesmo que não vá trabalhar nela, porque é uma coisa segura, mais segura do que o ouro, é um bem especulativo, é ideal. Soros [George Soros, nascido em 1930, investidor e filantropo multimilionário estadunidense de origem húngara] fez compras fabulosas no sul da Argentina, estou certo de que nem as conhece. Por causa dessa lei da terra, ela é um dos poucos bens que sempre aumenta de valor com o passar do tempo, não como um produto do trabalho, mas do progresso da sociedade. É a expansão da sociedade o que faz subir o preço da terra.

SANGUINETTI: Agora, o fato de que o preço da terra suba mais quer dizer que o que se produz também vale mais, eu diria que é um processo virtuoso. Não é ruim que a terra tenha valor, se a terra não vale nada é porque o que está em cima dela também não vale e porque a produção não vale, a questão é administrar adequadamente essa riqueza...

Mujica: Sim, mas não é simples, porque quando você...

Sanguinetti: Não, ninguém falou que era simples...

Mujica: Quando você tem preços internacionais a determinar tudo, você tem uma margem de risco que...

Sanguinetti: Está bem. Isso não quer dizer que você não possa ganhar ou perder, mas é muito pior se a terra não valer nada, porque se a terra não tem valor é porque o que está em cima dela não produz, não significa riqueza.

Mujica: Ah, claro...

Sanguinetti: Se a terra, definitivamente, é um de nossos principais ativos de produção, é bom que tenha valor, e é ruim que não o tenha, isso é sinônimo de um país que está empobrecido. Agora, aí entram outras questões que nos levam ao terreno tributário, que é o velho debate entre os impostos sobre o patrimônio e os impostos sobre a renda. Os impostos sobre o patrimônio são aqueles que, justamente, tributam a riqueza em si, os outros tributam o lucro. E aí entra o grande debate, porque se há duas pessoas que têm o mesmo bem, e um produz muito e o outro produz pouco, nos impostos sobre a renda o que produz mais e melhor vai pagar mais, ao passo que, sobre o patrimônio, supõe-se que não. O sentido dos impostos é muito relevante. Naturalmente é preciso administrar muito bem isso, e o que Pepe diz é verdade, há muita terra arrendada e é preciso ajudar a comprar a terra, é preciso ajudar a comprar a terra. O caminho não é a velha colônia, a meu ver, essa foi uma ideia de algum tempo atrás, achar que era uma boa ideia pensar na colonização como uma espécie de desenvolvimento da civilização. O que é realmente importante é que possamos proporcionar a esse produtor de leite uma certa facilidade para comprar, e aí é preciso que exista um crédito do Estado. Eu acredito nisso. Transformar as pessoas em proprietários, o máximo possível, porque esse é o modo de gerar maior segurança na produção, e também mais tranquilidade social, porque esse homem poderá ter um bom ano, ou um ano ruim, mas seu patrimônio ainda estará ali.

Mujica: O problema é... Aqui quero fazer um reparo... Isso é certo no que diz respeito aos fatores produtivos, mas se o valor da terra, por si só, independentemente do trabalho, tende a subir devido ao avanço global da sociedade, temos que reconhecer que isso gera um novo valor que não é fruto do trabalho, mas um valor de origem social, e por isso deve contribuir [pagando impostos]. Essa é uma discussão mais velha do que um rascunho da Bíblia.

Sanguinetti: Exato.

Mujica: Porque isso não acontece com um carro que você compra, que desde o momento em que sai da garagem já está desvalorizando. Mas acontece com essa magia, por isso eu disse que a terra tem essa magia, cujo valor tende a subir, e às vezes de forma espetacular, sobretudo as terras que estão próximas dos centros urbanos.

Sanguinetti: Acontece que essa magia é a eternidade da terra...

Mujica: Certamente...

Sanguinetti: Um estabelecimento comercial pode quebrar, uma indústria pode fechar as portas, mas a terra é eterna, ela está e estará ali, seja qual for o dono, essa é a sua magia.

Mujica: Na verdade nós não temos a terra, ela é que nos tem, nos sustenta. A gente diz "temos terra", mas não, ela é que nos tem.

E como se pode abordar essa discussão mais velha do que um rascunho da Bíblia?

Mujica: Bem, é sempre um cabo de guerra, para isso existem as contribuições e tudo o mais.

Sanguinetti: Mas, além disso, hoje, com a tecnologia, isso mudou muito.

Mujica: Sim!

Sanguinetti: Porque hoje já não importa tanto o valor da terra em si, mas sim sua capacidade de produção, e esse é um fenômeno que está diretamente associado aos novos métodos de produção, às novas tecnologias, a todo o desenvolvimento, por isso o campo mudou tanto.

Mujica: Ah, sem dúvida. Se você tem um inimigo, dê a ele de presente um campo sem nada, e você vai ver tudo por que ele terá de passar!

Sanguinetti: Hoje também há uma série de empresas vinculadas ao setor agropecuário. E em Montevidéu costuma-se pensar no campo em termos de estancieiro e peão. Mas vejam quantas empresas estão realizando atividades vinculadas ao negócio: genética, incubadoras, debulhas, colheitas...

Irrigação.

Sanguinetti: Irrigação.

Mujica: Manutenção, também.

Sanguinetti: Manutenção, na mecânica de sustentação de tudo isso. Hoje uma colheitadeira custa quinhentos mil dólares, não é o produtor quem a compra, mas uma empresa que vai prestar serviço para inúmeros produtores. Hoje há uma operação no mundo agrário que está muito longe da tradicional, muito longe, e que se parece muito mais com a indústria do que com a criação de gado tradicional.

Mujica: Vai se parecendo cada vez mais, é inevitável.

Sanguinetti: Sem dúvida alguma estão muito mais parecidas, também com os riscos daí decorrentes...

A saúde da terra, por exemplo.

Sanguinetti: E o custo financeiro, porque às vezes se compra uma máquina muito cara que de repente pode não se sustentar mais, em virtude de uma queda no preço da soja, ou seja do que for. Já é uma operação muito mais complexa, que inclui os mesmos fatores de uma operação industrial.

Mujica: Há mudanças que são espetaculares. Quando meu avô plantava milho, o rendimento era de oitocentos, novecentos quilos, e agora passa das dez toneladas por hectare. É incrível.

Há um custo para a terra?

Mujica: Não é um custo, é o conceito de industrialização. Há pessoas que pensam que industrializar é encher de chaminés, e, na verdade, industrializar é um conceito econômico, é gerar mais valor em menos tempo. Portanto, uma semente híbrida, com cruzamentos, é um produto com grande valor agregado, e isso sai caro, obviamente. Com o milho que meu avô plantava era assim: guardavam-se as espigas de um ano para o outro e se semeava. Este milho que se planta agora é um milho híbrido, que deve dar trabalho e é caríssimo. É um erro não fertilizá-lo, e fertilizá-lo bem, pois, caso contrário, fica difícil acompanhar os custos globais. E aumenta o nível de risco, porque se faltar água você está frito, mas rende bem: a produção de um hectare hoje supera a de dez ou doze dos antigos, aí é que está. E isso é valor agregado. E, sim, há uma mudança permanente em tudo, a agricultura está ficando cada vez mais parecida com um investimento de trabalho e de talento. Há dois laboratórios na Argentina, aqui ainda não, que trabalham com embriões, isolam as características de uma raça por meio da engenharia genética e os usam em... Isso poupa uns trinta ou quarenta anos de seleção genética de animal a animal. Bem, é a biologia.

Sanguinetti: Agora, isso que chamamos de estrangeirização não é um problema, na medida em que o país tenha políticas sérias, políticas tributárias sérias.

E nós as temos?

Sanguinetti: Sim. Já tivemos e continuamos a ter. O mesmo acontece com a indústria. A indústria frigorífica, por exemplo, era toda estrangeira, era inglesa ou norte-americana. Acontece que estava muito concentrada, muito concentrada, e por isso criou-se o Frigorífico Nacional, que não foi exatamente um grande sucesso. Hoje, mais uma vez, o país está vivendo fundamentalmente dos investimentos estrangeiros, especialmente na indústria. Na indústria frigorífica, hoje, talvez uns 60 ou 70% dos investimentos sejam de origem brasileira, e esse é o setor número um de exportação. Paralelamente ao outro grande setor de exportação, que é o da madeira, onde há empresas finlandesas ou chilenas, como essa de Colônia, que é chilena, espanhola, colombiana, não sei bem o que é. Quer dizer que há um investimento estrangeiro muito grande, que rendeu muito para o país em termos de tecnologia e de trabalho. O mesmo ocorreu nos outros setores de tipo comercial. Hoje a economia que mais está crescendo, em termos relativos, embora ainda seja pequena, é a digital. E já há uma nova geração de empresários, a maioria pequenos, com alguns um pouco maiores, que estão desenvolvendo todo tipo de atividades na indústria digital. E também temos toda a parte comercial e logística, na qual o país também encontrou um novo setor de atividades. E aí também há muito investimento de fora, nas zonas francas que o país criou, e que gerou muito trabalho qualificado. O país tem sido convidativo para o investimento estrangeiro, a questão é, como sempre, ter um Estado organizado que faça com que essas empresas recebam o mesmo tratamento que as nacionais e que não gerem situações de abuso. Em outros tempos, no século XIX, era diferente, porque, quando não se pagava para um banco inglês, os barcos de guerra vinham cobrar; hoje estamos num mundo diferente.

O senhor mencionou essa palavra. O que é a guerra?

Mujica: Há uma velha definição: é a continuação da política por outros meios.

Sanguinetti: Em todo caso é um fracasso no desenvolvimento da vida política. É o fracasso da política.

Mujica: É o fracasso da política.

Mas está na essência da origem das nações e da independência de nossos países...

Sanguinetti: Mas é sempre o fracasso da política.

Pepe, o senhor viveu isso de dentro, como partícipe. Como se vivencia isso? Como é isso? É o extremo do homem, no limite de muitos aspectos de sua condição humana?

Mujica: Eu acho que a guerra é uma companheira inevitável do desenvolvimento da civilização. E acho que ainda somos pré-históricos. Caso contrário, não dá para entender a fortuna que se gasta em aparatos militares que, por via das dúvidas, estão ali, e tudo o mais. Somos conscientes de que a guerra é uma opção de que não vamos gostar, mas ela está aí, e eu a vejo em tudo que é lugar. Se fizermos a conta do que significam os gastos militares da humanidade, vamos ter uma surpresa bastante assustadora.

Sanguinetti: Sim. É o complexo industrial-militar de que Eisenhower falou.

Mujica: É terrível, não?

Sanguinetti: Espantoso.

Mujica: Isso fala de uma dívida nossa, de que afinal não somos tão civilizados. Mas a guerra é algo latente, por isso os orçamentos de manutenção militar e tudo o mais.

Não teriam sentido.

Mujica: Quer dizer, partimos do fato de que esse animal existe.

Sanguinetti: Mas acontece que a guerra... Se formos às suas raízes, por que se desencadeiam as guerras? Às vezes por interesses econômicos, e a terra era uma das coisas que a impulsionavam. Por razões, digamos, de concepção política, digamos a concepção imperial...

Mujica: De conquista...

Sanguinetti: Ou seja, Roma acreditava que sua civilização tinha o direito de se expandir e assim o fazia, e assim fizeram outros. Às vezes em razão de crenças espirituais, como podem ser as religiões, que foram um fator de inumeráveis conflitos, até entre pessoas da mesma religião e da mesma crença, como aconteceu com o cristianismo. As guerras entre protestantes e católicos foram muito violentas, e hoje, de algum modo, o mundo muçulmano é um mundo em conflito, dessa perspectiva. Com isso estamos dizendo que a guerra...

Mujica: Tem múltiplas causas...

Sanguinetti: É uma ruptura das tentativas de conciliação entre esses conflitos de interesses, crenças, sentimentos, paixões nacionais, paixões civilizatórias etc., para as quais supõe-se que nós, humanos, tentamos construir estruturas jurídicas, leis, organismos internacionais e tribunais que tratem dessa questão. Então esse é o mundo que a política criou para evitar estes conflitos, ou para administrá-los. Quando há uma guerra é porque esses mecanismos fracassaram.

Há uma visão a respeito das guerras que é um pouco curiosa. Às vezes, determinados movimentos, determinadas opções por guerrear, ou algumas atividades guerreiras concretas, são qualificadas de modo distinto quando provêm do Ocidente e quando provêm do Oriente. Essa ideia de que se trata de terrorismo quando se move num sentido e de que não é terrorismo, é uma tentativa de algo, quando... O que acontece com isso?

MUJICA: Em toda guerra, a primeira vítima é a verdade. E a segunda, a objetividade. Cada um vai pintar o horizonte do ponto de vista de onde está. Isso me parece inevitável.

SANGUINETTI: Mas isso que você está dizendo não é assim. O terrorismo diz respeito a um método, a um método de conflito, é outra coisa. O ETA [grupo separatista basco] era considerado terrorista e não era oriental.

O senhor não acha que os Estados Unidos utilizaram métodos que são terroristas, mas que não são considerados como tal? Poderíamos garantir que todas as intervenções...

SANGUINETTI: Poderíamos chegar a qualificar assim todas as guerras, mas também não podemos brincar com as palavras. Todas as guerras implicam abuso, sempre, são sempre um excesso, a guerra não é a normalidade, é um exercício desmesurado da violência, por mais que se sinta profundamente a legitimidade de alguma causa. Mas sempre será um abuso. Desde a primeira guerra conhecida até as nossas e as de nossa própria história. Mas não é que qualifiquemos de modo distinto as do Oriente e as do Ocidente. Todas são guerras, e o terrorismo diz respeito, mais exatamente, a certas metodologias, digamos, não convencionais, para dizê-lo de algum modo.

Mujica: O que acontece é que se misturam. São usadas na linguagem comum, utilizam-se categorias. Em geral, a palavra "terrorista", em suas origens, foi até defendida por uma das formas das lutas libertárias... Não tem nada a ver com o que se chama de terrorismo hoje, mas está muito ligada ao uso do explosivo, ao uso... Mas uma guerrilha é chamada de terrorismo, e não, uma guerrilha é uma forma de enfrentamento como qualquer outra. Mas o que o terrorismo procura é utilizar o medo para influenciar as decisões políticas. Esse é o verdadeiro terrorismo. Depois, na linguagem jornalística, todas essas categorias se misturam. Agora, as grandes potências, às vezes, utilizam recursos que não são próprios de uma guerra... Hoje existem os drones, outro dia degolaram um sujeito com um drone. Não pediram autorização para ir nem nada, simplesmente o fizeram. Foram buscar Bin Laden também. As grandes potências, por serem potências, sempre concedem a si mesmas algumas licenças que vão além do que é comum no dircito internacional, porque têm como fazer isso.

Sanguinetti: E as pequenas, pelo mesmo motivo, porque como não têm os grandes métodos...

Mujica: Utilizam os pequenos. Os que podem...

SANGUINETTI: Utilizam os pequenos, que costumam ser mais terroristas.

Uma guerra pode ser nobre?

SANGUINETTI: Pode ser inevitável e ter alguma nobreza, na medida em que haja alguém sofrendo uma agressão ilegítima. E vá saber quais são as mais legítimas e as mais ilegítimas...

MUJICA: Houve de tudo na história militar do mundo.

SANGUINETTI: Mas quem se defende de uma agressão ilegítima está realmente agindo com nobreza, ou quem está lutando por uma causa... E aí vem todo o debate sobre a moralidade ou a legitimidade de cada causa. Ou seja, mesmo a causa nacionalista, de paixão nacional, de adesão a um país, pode ser maravilhosamente nobre na medida em que, frente à agressão de alguém superior, se sustenta. Pode ser o contrário também, esse mesmo sentimento nacional pode ser o oposto: quando se agride o outro em função da necessidade de uma expansão ou do desejo de subordinar o outro. Ou seja, a ação pode ser a mesma, mas a intenção que a inspira pode ser oposta, pode ser muito diferente.

Um correspondente de guerra brasileiro dizia que, normalmente, sobretudo nos meios de comunicação, analisavam-se as ações de guerra observando sempre as grandes estratégias criadas pelos governos; que determinada coisa acontecia em algum lugar e isso era atribuído a uma estratégia de governo; mas que se desdenhava profundamente da essência mesma da guerra, que é a decisão que

um coronel ou um general podem tomar no campo de batalha. Essa coisa que se vê nos filmes, os burocratas de lá não sabem nada sobre o que estamos vivendo aqui, na linha de fogo. Dizia, então, que o grande relato da guerra muitas vezes despreza o fato de que um general pode acordar com vontade de fazer uma determinada coisa, e acaba fazendo. Para o senhor, que viveu isso de dentro, isso realmente acontece?

Mujica: A guerra é algo tão importante que não se pode deixar seu destino nas mãos dos militares. Porque os militares são programados como as galinhas, que são programadas para pôr ovos. Os militares passam a vida... a guerra é a etapa de realização da sua vida. São imprescindíveis, porque é um ofício e uma arte, mas é melhor mantê-los sob controle.

Enquanto esteve na guerra, o senhor se considerava um soldado, Pepe?

Mujica: Não, a gente não se considera um soldado, mas de fato o é, sempre se é. Mas isso de que você fala, isso existe na guerra e sempre existirá, evidentemente. Da perspectiva do terreno concreto pode-se ter uma visão, e de um ponto de vista global pode-se ter outra, sim. Hitler não deu bola para seus generais, para alguns generais brilhantes que teve, que lhe disseram para não fazer tal coisa e ele acabou fazendo. Tomou uma decisão política equivocada. Alguns militares, em termos técnicos, enxergavam mais claramente do que ele. Mas, no fundo, em toda guerra existe um objetivo político, bom ou ruim, de dominação, de pilhagem, de prestígio, de orgulho nacional, até de sonho pode haver...

Sanguinetti: De crença religiosa.

Mujica: De crença religiosa. Existe um objetivo.

Sanguinetti: Sempre existe um objetivo, porque isso de que você fala é inevitável em toda organização, qualquer organização, e falemos do Estado, porque são as grandes organizações que escolhem as diretrizes e depois as aplicam aos estratos intermediários... Também pode acontecer dentro de uma estrutura comercial: você pode ter uma estratégia muito boa e de repente pode ter um vendedor magnífico de sua mercadoria e outro que seja horrível, que acaba desprestigiando a firma por mentir para um cliente. No exército ocorre exatamente o mesmo. Por que se disciplina tanto o exército? Porque, como ele exerce a violência e está armado, tenta-se fazer com que tenha uma disciplina maior do que a de qualquer outra estrutura administrativa comum. E essa é a dificuldade, sempre, porque quando se desata a ação propriamente dita, ela não é dirigida por ninguém, digamos que exista um plano que se cumpre de uma maneira ou outra. Basta olhar para toda a história de nossas batalhas, ou, como dizia Napoleão, no fim das contas a ação final é decidida pelos sargentos. Razão pela qual a motivação ou falta de motivação dos exércitos também é muito importante.

Mujica: Há um problema. Na batalha concreta, os homens, os soldados, precisam receber instruções muito particulares para que, naquele momento, possam responder como uma corporação e não cada um por si. Porque, se não, não funciona como uma corporação. Isso é o que obriga a educação militar a adotar uma quantidade de disparates, entre aspas, que se chocam com a educação civil.

Sanguinetti: Sim. Ou que parecem ridículos...

Mujica: Claro...

Sanguinetti: Porque isso que a gente vê, isso da formação, meia volta para cá, meia volta para lá, não vai existir nunca num combate. Isso existe para que, quando lhes disserem para atirar, que atirem, e quando lhes disserem para não atirar, que não atirem.

Mujica: Para responder à ordem como uma corporação, porque se não, por instinto, cada um vai fazer o que melhor lhe parecer. É isso.

Sanguinetti: É assim.

Mujica: Porque você pode correr o mundo inteiro e encontrar governos de qualquer ideologia, mas vai ver que em todos os lugares a educação militar é essa. Para um civil, é algo muito chocante.

Sanguinetti: Agora, a decisão estratégica é política, evidentemente. Depois, a decisão tática depende de quem estiver no campo de batalha. Mas a decisão estratégica, ou seja, a do grande movimento, é política. E essa é uma reflexão técnica, política e até mesmo moral...

Mujica: Vamos ao fundo de sua pergunta. É uma dívida da humanidade, da civilização humana, o fato de que não tenhamos mecanismos políticos para resolvê-la e que tenhamos que recorrer a ela... É uma dívida que não sei se a humanidade vai conseguir saldar algum dia. Pelo que vemos, não está com cara de que vá conseguir.

Sanguinetti: É que depois de cada guerra aconteceu sempre a mesma coisa. Depois da guerra de 1918, que foi uma carnificina, Wilson propôs a criação da Liga das

Nações etc. etc. E, vinte anos depois, tudo isso tinha caído, desmoronado. Então veio a Segunda Guerra Mundial e aí, em 1944 ou 1945, administraram muito melhor este segundo pós-guerra mundial...

Mujica: Sobretudo a paz...

Sanguinetti: A paz da Primeira Guerra Mundial foi uma catástrofe.

Mujica: Um desastre. Keynes disse isso, ele viu isso.

Sanguinetti: Keynes escreveu *As consequências econômicas da paz*, era então um jovem de trinta e poucos anos, funcionário britânico, e dizia que estavam impondo à Alemanha condições que ele considerava insuportáveis. O segundo pós-guerra, pelo contrário, foi um ato de inteligência extraordinário.

Mujica: Claro. Foi ao contrário. Depois veio o Plano Marshall e tudo o mais.

Sanguinetti: Mas olhemos para o conjunto. Primeiro se criam as instituições, nas quais Keynes também está metido num grande debate com o americano White, porque Keynes queria um banco central mundial e White queria o que depois se tornou o Fundo Monetário Internacional. Mas aí são criadas também as instituições de Bretton Woods, o Banco Internacional para Reconstrução e Desenvolvimento, e isto e aquilo. Mas vejam o que foi a ação do Plano Marshall.

Mujica: Reconheça que havia um medo muito grande.

Sanguinetti: Sim, sim...

Mujica: Do outro lado havia o perigo vermelho, que motivava a solidariedade...

Sanguinetti: Sem dúvida alguma, sem dúvida alguma. Foi assim. Mas digamos que foi muito inteligente, porque da vez anterior deviam ter pensado no perigo que corriam. E a prova é que, agora, os países derrotados, Alemanha e Japão, tornaram-se os sócios mais leais ao Ocidente. E por quê? O Japão se saiu de maneira notável, porque todos pediam que derrubassem o imperador. Eu nasci naqueles anos, quando era pequeno ouvia o rato amarelo quando ele aparecia no noticiário, e, no cinema, as pessoas se atiravam no chão guinchando e vaiando, era um desastre. No entanto, foi uma sábia decisão dos governos Roosevelt e Truman a de colocarem lá [o general] MacArthur e deixarem o imperador. Isso porque a socióloga Ruth Benedict tinha explicado a eles que era preciso respeitar os japoneses, os quais, se fossem humilhados, iriam concordar com tudo, mas não iriam cumprir nada. Mas, se mantivessem o imperador, e lhes passassem as instruções através dele, os japoneses as acatariam. E ali estavam eles, MacArthur de um lado e o imperador do outro. E, na Europa ocidental, o Plano Marshall, sobre o qual depois também disseram "isto vai dar em comunismo". E mais, os franceses e os russos queriam desmembrar a Alemanha, por isso ela foi dividida depois da guerra, contrariamente à opinião dos norte-americanos e, especialmente, de Marshall, que dizia que era preciso reerguer a Alemanha, porque esse seria o melhor modo de reerguer a Europa. O próprio Eisenhower disse também, quando viu as câmaras de gás e tudo aquilo, disse: "Eu preciso de um milhão de testemunhas", fotografou tudo, filmou tudo, fez milhões de pessoas desfilarem, os prisioneiros alemães, os soldados norte-americanos, porque disse "Um dia vão negar tudo isso", como de fato negaram, e alguns até hoje continuam negando. Foi notável esse momento pós-Segunda Guerra Mundial, uma obra-prima. Mas agora, cinquenta anos depois, estamos começando a enxergar suas falhas.

Mujica: É que a Guerra Fria estava logo ali, e a Europa se esqueceu de que a paz tinha de incluir a Rússia, como pensava De Gaulle, que achava que a Europa chegava até os Urais.

Vamos passar para outro assunto, mas conectando-o com o que o senhor dizia, que a guerra notoriamente é o fracasso, ou, pelo menos, a notória falta de evolução da raça humana. Há uma outra maneira de se vincular ao outro, com o que nos dá medo, com o que provoca insegurança, com aquele com quem não nos entendemos, e é esta espécie de controle social que implicam as prisões e os manicômios. Nesse sentido, o quanto evoluímos? Continuamos usando os mesmos métodos da Idade Média, o crime é uma criação humana, uma criação social. Aquilo que numa época é um crime...

Sanguinetti: A lei é uma criação humana para tornar possível a convivência. A lei é isso, toda lei.

Exato, mas o crime faz as leis, e o que há algum tempo era considerado um crime agora não é mais. E aquilo que é crime num país, em outro pode não ser.

Sanguinetti: A lei são as normas que cada sociedade estabelece para regulamentar sua convivência, e isso vai desde a organização da família, a organização da propriedade, a organização da paz ou da convivência física.

Mas antes da lei está a definição, pela sociedade, do que ela deve ou não regular como crime.

Sanguinetti: Não, não. É a lei que decide isso. A lei é uma consagração normativa do pensamento, digamos, ético, que uma sociedade tem.

Mas nós falamos há pouco: vamos decidir, por exemplo, se a pasta base é mais grave do que a cocaína. Decidimos isso primeiro e depois criamos uma lei. A lei vem depois.

Sanguinetti: Não. A lei, normalmente, é o resultado de um debate na sociedade, no qual finalmente se chega a um convencimento comum, mais ou menos convencional, em virtude do qual dizemos que tal coisa é mais ou menos grave. São convenções normalmente bastante provisórias, que vão mudando com o passar do tempo, porque a sociedade também muda.

Mas punimos tudo da mesma maneira, que é com o encarceramento.

Sanguinetti: Não necessariamente.

Bem, mas basicamente.

Sanguinetti: Mas você está falando só da lei penal e eu estou falando também da lei em geral, da organização da sociedade, que se organiza por meio de uma lei.

Claro.

Sanguinetti: E eu diria que a lei penal, comparada com a lei civil, é, em termos quantitativos, bem menos massiva.

Por isso os juízes civis são os que têm mais prestígio.

SANGUINETTI: Porque, além disso, talvez quantitativamente seja mais importante. Hoje, num mesmo dia, vemos acontecer mais contratos civis do que crimes. São as normas de convivência.

Mas, para além do crime, o controle social dos que são diferentes... O encarceramento como mecanismo.

MUJICA: Eu acredito que o encarceramento em si fala do fracasso, do relativo fracasso da sociedade na construção de uma normalidade comum, aceitável para todos. Está expressando nossas próprias limitações, e o fato de que temos de recorrer a isso. E, se temos de recorrer a isso, é porque algo não funciona na sociedade, ou funciona mal. Mas também temos de aceitar que os seres humanos têm suas especificidades. Às vezes ocorrem desvios que são um produto de nossa vida, mas também há desvios que não têm explicação.

SANGUINETTI: É assim.

MUJICA: E estão aí. Como algumas pessoas são bonitas e outras são feias. Algumas têm olhos azuis...

SANGUINETTI: E alguns tendem ao egoísmo e outros à generosidade, é a natureza humana. A diversidade da natureza humana.

MUJICA: Infelizmente, acho que ainda não temos mecanismos que possam nos garantir... e não sei se algum dia os teremos. É provável que sim, mas...

SANGUINETTI: As sociedades nunca vão ser perfeitas, porque o homem não nasce perfeito.

Mujica: As sociedades tampouco serão perfeitas.
Sanguinetti: Nunca.
Mujica: Mas podem ser melhores...
Sanguinetti: Podem ser melhores ou piores...
Mujica: Agora, o que é claro para mim é que a construção dos costumes pela vida cultural tem influência numa sociedade, senão há coisas que são inexplicáveis.

Por exemplo?

Mujica: A conduta de certas sociedades fanaticamente religiosas. Ou, por exemplo, sociedades como a aristocracia ateniense, que dava instrução militar aos jovens porque tinham que conhecer as questões de guerra, e isso significava ter relações sexuais com seus professores. E isso funcionou. E é cultural. Assim como os espartanos tinham outras coisas. E vimos isso também nos costumes que existem em outras sociedades, essas condutas dos esquimós... Ou na Índia, o peso do tabu de não comerem as vacas, que foi maravilhoso, que lhes garantiu um pouco de leite para aguentar uma comida terrivelmente vegetariana, e se tivessem fome teriam tido uma vaca, se não existisse esse tabu. Estas coisas existem. Quer dizer que, para o bem ou para o mal, o homem é bastante maleável, muito mais do que parece. Daí o valor que a educação pode ter... Acontece que a educação contemporânea também tende a fazer de nós pessoas hábeis apenas em determinadas tarefas, e provavelmente isso seja um obstáculo do ponto de vista social. Por exemplo, nem falamos sobre drogas no ensino, e é preciso falar sobre isso.

Sanguinetti: É preciso falar.

Tampouco falamos sobre jogos de azar.

Mujica: Sim, também não falamos sobre isso. Há uma série de coisas sobre as quais não falamos porque não são úteis, não dão audiência, sei eu....

Sanguinetti: Porque ainda há um certo tabu, como antes não se falava nada sobre o que era a história natural, por exemplo. Em nossa sociedade, na época de Varela, quando incluíram a história natural no ensino, diziam de tudo. Diziam que eram escolas de perversão para as meninas, ao explicar-lhes o que eram os órgãos e as atividades sexuais, por exemplo. E isso logo deixou de ser um tabu, e depois vieram outros. Mas isso que Pepe falou, num sentido mais amplo, não há dúvida de que tudo é resultado de uma visão cultural, nos mais diversos aspectos. Por exemplo, sem precisar ir mais longe na história, vejamos as sociedades cristãs de nossa civilização ocidental. A mentalidade dos católicos é a mesma dos protestantes? Não. Têm a mesma atitude diante da riqueza? Não. Têm a mesma atitude diante do trabalho? Não. Têm a mesma atitude diante do sucesso ou do fracasso? Não. No entanto, acreditam no mesmo Deus e no mesmo Jesus Cristo. E lutaram por quase três séculos por diversas circunstâncias, mas, por sua vez, respondem a categorias culturais. Como se desenvolve a cultura? A cultura também não está congelada...

Mujica: Não. Está submetida à história.

Sanguinetti: Com o curso da história, ela vai mudando. Dou como exemplo a nossa educação, o que eram os debates na época de Varela, e o que foram os debates na época de Batlle e Figari, por exemplo. Os debates numa época posterior, de Grompone e Vaz Ferreira, ou os debates que temos hoje, são diferentes. Porque a mentalidade também mudou.

Me permito discordar dessa ideia de que a educação deve tratar da questão das drogas, porque a educação tem que tratar do cuidado no trânsito, a educação tem que tratar do cuidado com o meio ambiente, a educação tem que tratar do cuidado com os animais, a educação tem que cuidar... A educação não pode cuidar de tudo.

SANGUINETTI: Não. Você está imaginando matérias, a educação tratando do trânsito como faziam antes, botavam uma plaquinha e a professora nos fazia cruzar a esquina. Não, não é isso. O que se presume é que, para começar, o fator educativo não é só a escola ou o liceu, o fator educativo é a família.

A questão é essa. Está faltando isso.
SANGUINETTI: A educação é a família, a educação é o bairro, a educação é a sociedade em que se vive, a educação é o lugar em que se recebe essas influências culturais, as quais valorizam algumas coisas e valorizam menos outras.

Acontece que tudo isso está dando errado.
SANGUINETTI: E depois há a educação formal.
MUJICA: A educação é o capital da tribo.
SANGUINETTI: Exato.

Mujica: Que pode ou não tê-lo. Em toda a evolução do homem, o papel dos velhos era o de cuidar da educação, porque não havia outra maneira de transmiti-la, é lógico.

Sanguinetti: É lógico, era ela que transmitia os valores.

Mujica: Que transmitia os valores. Quer dizer que os seres humanos tendem a dar importância a este assunto. Agora, também tem suas crises, não se pode reduzir ao que se ensina no liceu ou em aula.

O que acontece, Pepe, é que agora temos avós de trinta anos.

Sanguinetti: Claro, mas você se fixa nas patologias, vamos nos fixar no que é mediano. Porque a educação formal também muda as coisas. Para começar, uma sociedade de analfabetos e uma sociedade alfabetizada não são a mesma coisa.

Mujica: Vocês, jornalistas, também influem na educação.

Sanguinetti: Basicamente, foi a educação formal que mudou a sociedade alfabetizada. A educação formal também é muito importante.

Isso nem se fala, é algo central. Acontece que podemos ter pessoas alfabetizadas que são uns animais como cidadãos.

Mujica: Isso é certo.

Sanguinetti: Estamos falando de coisas gerais, outro dia eu disse, quando citei aquela frase "Eu conheço muitos analfabetos que são sábios políticos e conheço grandes intelectuais que são analfabetos políticos". Basta ver a história política dos grandes literatos que se lançaram na política e que terminaram como terminaram. Desde García Márquez até Vargas Llosa, nenhum deles ganhou, e todos foram candidatos.

Outro dia estávamos falando das drogas, e não vamos voltar a esse assunto, mas algo ficou pendente. Ao mesmo tempo em que visualizamos tudo o que se supõe que exista como oferta de mercado nesta época de consumo, de opções que levam as pessoas a se vincularem a substâncias que acabam gerando uma enormidade de horrores dentro da família, dos bairros, da sociedade em geral, não falamos nada sobre os jogos de azar. Embora o Estado tenha se ocupado de controlar a questão das drogas, ou a do fumo, que é um exemplo clássico dos últimos anos, ou a do álcool, a questão da ludopatia não parece estar sendo analisada, talvez porque o Estado tenha interesses econômicos, já que é dono de cassinos. Parece ser uma patologia que não está sendo considerada com a mesma seriedade com que as outras estão.

MUJICA: É possível, sim, é possível que não estejamos lhe dando importância. Eu nunca dei muita bola para este assunto.

SANGUINETTI: Acontece que só hoje é que estamos chamando a isso de ludopatia, que é muito diferente do que eram os antigos vícios em jogos...

Em que sentido?

SANGUINETTI: No sentido de que eram um fenômeno – não sei se essa é a palavra adequada –, digamos, minoritário na vida da sociedade, não era a norma na sociedade.

Sempre houve jogadores, *timberos*, como se dizia antes, e outros que não o eram. Havia aquele que ia ver as corridas de cavalos, já dizia Gardel: "Palermo, me deixas velho e doente, mal dormido e sem comer". Sempre houve isso, vinculado a algum jogo, vinculado ao entretenimento, vinculado a uma expressão assim. Acontece que, hoje, quando falamos de jogos de azar, estamos falando do impacto criado pelos novos meios.

Mujica: Sim, claro, a sociedade digital virou tudo pelo avesso.

Sanguinetti: A coisa é massiva e entrou na casa das pessoas. Quer dizer, não é que eu vá me contagiar e jogar truco por dez pesos porque vou a algum bar. Hoje é diferente, é uma coisa muito mais perigosa, mais agressiva, que começa já na infância, não? Porque antes tampouco um garotinho de dez anos iria frequentar uma casa de jogo, uma *timba*, para usar a expressão tradicional, nem entraria num cassino, porque não o deixariam entrar. Mas hoje isso acontece dentro de casa, então são modalidades novas, que também estão sendo debatidas atualmente.

Sim, estão sendo debatidas no Parlamento. Mas acho que talvez o Estado esteja sendo um pouco omisso.

Sanguinetti: Estão começando a debater essa questão, estão começando a debater.

O Estado tem que ter cassinos?

Sanguinetti: Veja, o Estado se rendeu à evidência de que o jogo existia, e então tentou dar a isso um aproveitamento social, e assim criou a lei de cassinos de 1911, por meio da qual se dava autorização para fazer um cassino àquele que estivesse construindo um hotel, e foi assim que nasceram o Parque Hotel e o Hotel Carrasco, nasceram assim. Foi muito debatido, sim, perguntava-se se era plausível ou não, em termos morais, mas esta foi a avaliação que se fez naquele momento. Já que, de um jeito ou de outro, vão mesmo jogar, vamos fazer com que esse jogo tenha uma tradução social, e que o lucro, ou o que for...

Mujica: É a mesma mentalidade que estava por trás do embargo do álcool...

Sanguinetti: Certamente...

Mujica: Porque o metanol era uma encrenca, então, bem, pelo menos que o Estado se encarregue de fazer um álcool potável, e não um álcool que vai te deixar cego.

Sanguinetti: Aí predominava uma preocupação com a saúde...

Mujica: Sim, aí a questão era a saúde. Mas acho que, em relação àquilo que parece inevitável, temos de ter cuidado com a proliferação... Porque, nessas questões, qualquer tentativa de proibição multiplica o mundo clandestino. Me parece inevitável que o Estado enfrente estas coisas, tem que funcionar para isso, porque senão o mal vai ser maior.

Sexta conversa

Terça-feira, 30 de agosto de 2022

Nesta última conversa, queríamos tratar de alguns assuntos que deixamos para o final. A questão da Seguridade Social, entre eles, mas também alguns que têm a ver com os senhores pessoalmente, com a idade, com algumas coisas que aparentemente não são tão interessantes como as que falamos até agora, mas que são importantes para nós. Comecemos pela Seguridade Social, porque, além do mais, o país está prestes a tomar uma decisão sobre isso.

Sanguinetti: A seguridade social é um problema no mundo inteiro, como consequência de uma evolução benéfica.

O fato de que vivemos mais.

Sanguinetti: É uma consequência complexa do fato de que vivemos mais e de que vivemos melhor. O debate está instalado no mundo inteiro. Eu diria que, de algum modo, felizmente também está entre nós, porque vivemos mais e vivemos melhor. Quando cheguei ao governo pela primeira vez, a expectativa de vida de um uruguaio era de 73 anos. Hoje é de 79.

Em muito pouco tempo.
Sanguinetti: Em pouquíssimo tempo. É muito pouco tempo, no espaço de minha vida adulta.

Os senhores também são um exemplo disso, não?
Sanguinetti: Exatamente. Então isso naturalmente se impõe a nós.
Mujica: Eu não sou um exemplo...

Dos anos vividos, digo...
Mujica: Eu sou um milagre, o que não é a mesma coisa.

Todos somos um pouco um milagre.
Sanguinetti: Sim, sim, todos... Você sempre disse que era um milagre, no dia em que assumiu a presidência disse que nem García Márquez teria pensado nisso.
Mujica: Claro. Por isso.
Sanguinetti: Então, isso fez com que...
Mujica: Agora, é preciso acrescentar outra coisa. Nós nos reproduzimos menos também. Vivemos mais e há menos gente nascendo.

Esse é um dos problemas da Seguridade Social.
Sanguinetti: São os dois, a demografia pcga as duas pontas. E também há um terceiro fator, que não deixa de ter seu peso, que é a questão das características do trabalho, o fato de que, em termos gerais, também diminuiu consideravelmente a fadiga no trabalho, a fadiga no trabalho físico, digamos.

Falamos sobre as sacas nos portos.

Sanguinetti: Sim. Acho que os portos são o elemento mais característico. "Não vá ao porto, que lá tem muito trabalho", já dizia um tango de Gardel. Porque, quando alguém estava sem nada, sem um tostão, diziam: "Bem, vá até o porto para carregar algumas sacas, que algum dinheiro você vai ganhar". Bem, isso hoje acabou, agora essa é uma operação feita por computador, esse negócio dos contêineres.

Ainda assim, entre o problema demográfico e o problema da idade, no meio disso, o que há também é um problema de produtividade, de que quem está na ativa produz menos ou não produz o suficiente, por uma questão de capacidade ou pela falta de capacitação que temos. Não?

Sanguinetti: Não necessariamente, porque eu diria que o problema com a Seguridade Social não é esse.

Mas esse não é um dos problemas?

Sanguinetti: Não, não. Pode até ser, de um ponto de vista muito geral, mas supõe-se que isso esteja acontecendo nos países desenvolvidos, tanto nos muito desenvolvidos quanto nos pouco desenvolvidos. Ou seja, não é uma questão da capacidade do sistema produtivo do país, é uma questão da demografia que se produz, com as variantes de cada caso. Em nosso caso, em 1995 tivemos de fazer uma mudança grande, importante, porque muitas coisas tinham se esgotado. O regime tinha se tornado insustentável, e, bem, procuramos uma nova maneira de sustentá-lo e um novo esquema dual, com dois pilares, um solidário, ou de partilha, melhor dizendo, e outro de poupança individual, e naquele momento fomos criticados pelos dois lados. Um deles porque achavam que era um esquema privatista demais, por introduzir o fator de poupança individual, considerando-o uma expressão de egoísmo. Por outro lado, naquele momento o plano também foi muito criticado por vários organismos internacionais, porque a base continuava sendo a partilha. A verdade é que, com o passar do tempo, demonstrou-se que os sistemas totalmente privatistas, como o chileno, em algum momento entram em crise. Os sistemas só de partilha, como era o nosso, também tinham entrado em crise. E a mudança, naturalmente, foi feita para buscar uma solução intermediária, que eu diria que era razoavelmente boa e que, se não tivessem ocorrido algumas mudanças, a meu ver equivocadas, no meio disso, poderia ter resistido um pouco mais, sem prejuízo do fato de que teríamos de tocar na questão da idade. Quer dizer, isso naturalmente não é algo rígido ou dogmático. A própria proposta que está em debate hoje é uma proposta bastante gradualista, que levou mais de 25 anos para chegar ao final. O que está claro é que aquilo que se procura com qualquer sistema é gerar incentivos maiores para que as pessoas, podendo trabalhar, se aposentem o mais tarde possível, para seu próprio benefício. Porque também está claro que a pessoa manter-se ativa também contribui para sua própria preservação. Mas não é uma questão simples, matematicamente, quando se pensa no quanto é preciso gerar de poupança para depois ver quanto há que se gerar de renda. Não, não é simples, não é simples. Mais ainda quando os sistemas precisam ter alguma margem de solidariedade, quando a conta de contribuição e de poupança não bate, digamos, com o benefício a ser recebido. E que é imprescindível, como um mínimo ético, segundo a expressão de Norberto Bobbio [jurista, advogado, filósofo e cientista político italiano, nascido em 1909 e falecido em 2004], que uma sociedade tenha em relação a pessoas que ela não pode abandonar. E, consequentemente, isso distorce o que seria uma equação aritmética de contribuição e, depois, de passivos. Então, o que está claro é que, por algum motivo, isto está em debate em todo lugar, também aqui, e é preciso encarar a situação. Eu, pelo menos, olho para isso com serenidade. E a esta altura creio que já há pouco espaço para a demagogia, porque todos, em todo o espectro político, aceitamos que é preciso continuar modificando isto. E que tampouco essa será a última modificação.

MUJICA: Talvez não seja, porque a expectativa de vida continua aumentando, é o que pensamos, não? Pelas duas pontas, a demografia nos cria um problema, porque não há que pensar numa reposição do crescimento da força de trabalho tradicional, e tampouco há que pensar que exista uma capacidade de contribuição tão espetacular, com um crescimento acelerado da renda pessoal que permita resolver o problema. Porque isso seria uma explosão de crescimento que não parece... Seria bastante desejável, mas não parece que esteja facilmente ao alcance do país. Pessoalmente, e em meu modo de pensar, se o país, que, com todos os seus defeitos, caracterizou-se por ser o que tende a repartir melhor na América Latina... e que talvez tenha tratado melhor os velhos do que as crianças. E, se nos ativermos a cifras matemáticas, que o país não deixe de ser isso, que esteja à altura dessa tradição: vai precisar ter, inevitavelmente, uma capacidade de subsídio para uma faixa importante da população. Então a preocupação é como fazer isso, porque é muito fácil falar, mas sabemos que, pela via tradicional fiscal, isso joga um grande peso sobre a economia, a economia se paralisa. E aqui temos um dilema. Queremos fazer justiça social, ou solidariedade, se quiserem, mas corremos o risco de frear o desenvolvimento econômico, por razões óbvias. A questão dos impostos é explosiva numa sociedade, sempre foi assim, sempre foi algo explosivo. Os que têm e podem pagar, e os que não têm, também. Há uma resistência quase generalizada na sociedade, que sempre vai se expressar, de alguma maneira. Mas o pior é quando tende a paralisar os investimentos, o que significa devorar o desenvolvimento futuro. Portanto, para mim, se quisermos ser solidários dentro de vinte ou vinte e cinco anos, teríamos de começar a fazer um tipo de investimento que precisaria de um acordo nacional, um investimento em que os sucessivos governos não pudessem mexer, para que isso vá produzindo uma riqueza que, *a posteriori*, possa ser dividida. Ah, isso é difícil? Sim, eu sei que é difícil, porque primeiro é preciso chegar a um acordo a respeito de que, de como e onde, e com que [fazer isso]. Tudo isso eu sei que é difícil, mas seria uma demonstração de maturidade de um país que pensa muito para a frente, e acho que poderia ser uma alavanca que nos ajudaria a nos desenvolver, porque nos obrigaria a investir. Não estou falando de circuito financeiro, estou falando de industrializar o interior. E, como se necessita uma aliança nacional, é preciso fazer isso com capital nacional e parte do Estado que cobre dividendos. Para quê? Para ir gerando recursos que sejam reinvestidos com uma finalidade de futuro. Mas isso vai exigir um grande debate de caráter técnico, e um acordo como esse é difícil porque, afinal, uma ideia desse tipo precisa estar associada a um acordo constitucional, que exige uma maioria qualificada no Parlamento.

Sanguinetti: Tenho um comentário a fazer. Primeiro, nosso país já teve que ir muito além das contribuições, mas por algum motivo temos sete pontos do IVA [Imposto sobre Valor Agregado] dedicados...

Mujica: Claro.

Sanguinetti: Dedicados exclusivamente à Seguridade Social. E, além disso, temos o IRPF [Imposto de Renda das Pessoas Físicas] e o IASS [Imposto à Assistência da Seguridade Social].

Mujica: Não é possível.

Sanguinetti: Quer dizer, fomos gerando tributos muito, muito importantes, que tributam toda a coletividade. Isso que Mujica fala, sobre a criação de um fundo de desenvolvimento... Bem, em condições normais, com os recursos normais, supõe-se que é isso que estamos fazendo, tentando administrar melhor e impulsionar melhor as atividades industriais ou agrícolas nas quais vemos mais futuro. Há um país que fez uma experiência interessante com um recurso novo...

Mujica: Sim, a Noruega, com o petróleo.

Sanguinetti: Como, por exemplo, os noruegueses, com o petróleo. Disseram: "Bem, temos muito petróleo, vamos deixar uma parte aqui e com isso vamos criar um fundo à parte". Uma coisa realmente interessante é que a parte de poupança individual, muito discutida por conta de seu individualismo, passou, no entanto, por uma reciclagem

muito importante do ponto de vista da economia, porque constituiu um enorme fundo que foi aplicado em obras e atividades, aplicado no financiamento de atividades públicas. Foi um grande financiador, digamos, não?
Mujica: Sim.
Sanguinetti: Ou seja, isso não foi algo insignificante, não?
Mujica: Não.
Sanguinetti: Porque foi uma poupança que gerou ou que foi investida em atividades econômicas. Mas, enfim, a questão é complexa e vai continuar sendo complexa. O ano passado foi a primeira vez em que morreram mais uruguaios do que nasceram.

Outro dia ouvi um especialista do governo israelense que veio assessorar a OSE [Obras Sanitárias do Estado] na questão da administração da água no Uruguai. Dizia ele, referindo-se a seu país: "Nós, que tínhamos necessidade de água, estabelecemos um contrato social antes de ter uma Constituição, mas aqui, como não há necessidade, o problema é cultural, porque no Uruguai metade da água é desperdiçada". Ou seja, precisamos de uma mudança cultural, que todo mundo entenda o valor da água, que não se trate apenas de abrir a torneira e de usar a água de qualquer maneira. E o senhor falou agora, e Mujica falou também, sobre a importância de que, nessa questão, se estabeleça um acordo que os sucessivos governos não possam romper por mero capricho. O Uruguai não é muito bom em fazer planos a longo prazo, que se sustentem para além de um único partido, às vezes nem sequer dentro de um mesmo partido. Ou estou equivocado?

Mujica: Permita-me contar uma história.

Por favor.

Mujica: Eu fui ministro da Agricultura e comecei a me envolver com essa questão da água. Quando me tornei presidente, escolhi um ministro, todos ficaram surpresos... De onde eu o tinha tirado? Simplesmente porque era um arrozeiro, um engenheiro agrônomo, e era preciso batalhar pela água para que o Uruguai começasse a poupar água, e fazer uma lei. Você se lembra? Foi uma encrenca com o pessoal da OSE e tudo o mais. Como vai privatizar a água? A água que se vá. Porque simplesmente há um momento em que chove muito e essa água corre pelos arroios e pelos rios e chega até o mar. O problema é fazer uma obra para retê-la e depois usá-la, mas, enfim... Uma das maiores riquezas deste país é a água, saber administrar a água, uma coisa que não é nada nova, é velha como o mundo, porque há civilizações que se fizeram administrando a água.

Sanguinetti: Exato.

Mujica: Bem, no entanto, eu tive esse problema. E a lei está aí, a lei está aí... Quase 90% da água doce é consumida pelo cultivo de arroz. Vejam que um quilo de arroz equivale a quatro ou cinco mil litros de água.

Sanguinetti: Sim, sim. Em algumas coisas melhoramos, em outras não, mas há coisas terríveis como esta. No sistema de abastecimento de água de Montevidéu, perde-se metade da água. Pois eu me lembro, num desses debates com o Banco Mundial ou com alguma dessas instituições, bem, senhores, quanto custa consertar a rede para que não se perca água? E aí me lembro de um técnico que disse: "Olhe, o senhor viu"... Como se chama aquilo em que se joga o macarrão para que a água saia?

Escorredor.

SANGUINETTI: Um escorredor. Vocês conseguem imaginar um grande escorredor? Bem, nossa rede é assim. Joga-se a água aqui, ela vai saindo ali. A questão é que, como é mais caro tapar os buracos do que perder a água que perdemos...

Continuamos assim.

SANGUINETTI: Continuamos assim, porque é mais caro tapar os buracos. Até que fique mais caro desperdiçar a água do que tapar os buracos. Acho que hoje há uma consciência muito maior em relação a isso do que antes, porque antes não havia nenhuma, nenhuma, e hoje há. Nem sequer havia consciência do que eram as praias, pareciam ilimitadas, parecia um recurso que não importava, porque saíamos de Punta del Este e era o Saara. E de Parque del Plata até Punta del Este era outro Marrocos. Eram dunas e mais dunas. Bem, isso mudou muito. Acho que mudou para melhor, mas...

MUJICA: Faz muito tempo que você não vai a Anchorena?

O que está acontecendo em Anchorena?

MUJICA: Em Anchorena estão todas as garrafas argentinas que se possa imaginar. As garrafas plásticas.

Mas, voltando à questão da Seguridade Social, esse acordo é possível?

Mujica: Eu não sei se é possível. Mas é preciso tentar fazê-lo, disso tenho consciência. Não sei se é possível, mas é preciso tentar.

Como serão os próximos meses nessa questão?

Mujica: Não tenho ideia. O clima não está muito propício, mas... Mas é preciso tentar.

Sanguinetti: Eu acredito que partimos de uma base...

Mujica: O pior é não tentar.

Sanguinetti: Se partirmos da base, que...

Mujica: É preciso tentar porque é um problema de todos nós.

Sanguinetti: Sim, de todos nós.

Mujica: Agora, o fato de estarmos brigando a pauladas não nos ajuda, isso não ajuda, porque é melhor que haja um clima bom para se fazer uma negociação difícil. Mas alguém tem de tentar.

O senhor também acha que estão brigando a pauladas?

Sanguinetti: Olhe, eu acho que as pauladas são pauladas circunstanciais, sobre temas relativamente menores...

Mujica: Sim, sim, claro, quem se mete em política deve ter o couro duro...

Sanguinetti: O que importa são os assuntos maiores.

Mujica: Certamente.

Sanguinetti: E, nos assuntos maiores, na questão da Seguridade Social, por exemplo, acho que nenhum dirigente de primeira linha, de nenhum partido, nega a necessidade de se atualizar o regime atual, e de atualizá-lo de acordo com a demografia e com as variantes atuais. Em relação a isso, acho que todos concordamos. Foram feitos pronunciamentos públicos, claramente, sobre a questão da idade. O primeiro foi do próprio Mujica. Ou seja, em relação aos fatores polêmicos, eu diria que não existem diferenças substanciais. Depois, claro, vem a instrumentação, ver se isso é possível. O episódico não deve impedir o substancial ou o histórico. Há muita coisa episódica que gera distorções que não deveriam existir.

Mujica: Navegaremos, navegaremos...

Sanguinetti: Que não deveriam existir.

Outro dia, quando estavam indo embora, ouvi assim, meio de lado, mas acho que o senhor disse para Mujica que Marta mandava lembranças para Lucía...

Sanguinetti: Sim, senhor. Sim, senhor...

Também fez algum outro comentário sobre isso. Como é a relação entre elas? Qual é o vínculo entre elas?

Sanguinetti: Não, não há um vínculo estreito, mas creio que há um vínculo muito respeitoso. Tanto Lucía quanto Marta sempre falaram bem uma da outra quando tiveram de falar em público, mais Lucía sobre Marta, porque atuou na vida política, e menos Marta sobre Lucía, porque atuou muito menos. Há, inclusive, um livro muito interessante escrito por um colega nosso que se chama Pablo Vierci, *Ellas cinco*, que contém cinco reportagens sobre mulheres de presidentes. E creio que haja uma semelhança entre elas, na medida em que ambas assumem ou assumiram seu cargo com um sentido muito republicano, não o de primeiras-damas no estilo tradicional.

Mujica: No Uruguai não existe esse cargo de primeira-dama, isso é uma invenção, uma coisa que inventaram.

Sanguinetti: É uma invenção norte-americana...

Mujica: Sim, claro...

Sanguinetti: Mas que nasceu por um motivo circunstancial. A gente se esquece de que os Estados Unidos são a primeira democracia moderna, treze anos antes da Revolução Francesa. E, quando fizeram isso, não sabiam o que fazer com Martha Washington, disseram: "Onde vamos colocá-la?". Porque certamente todo mundo estava acostumado com as noções de rei e rainha. Eram ingleses, e agora deixavam de ter rei e rainha. E foi aí que alguém disse: "Bem, sim, ela é a esposa do presidente, mas é a primeira senhora", por isso a *first lady*, a primeira senhora, a primeira-dama. E assim nasceu esse título que muitas vezes se prestou à frivolidade, e outras vezes a um excesso de atribuições, e com isso volto a dizer que, nesse sentido, tanto Lucía exercendo a política quanto Marta não exercendo a política tiveram o sentido republicano de saber que não votaram nelas para ser a esposa do presidente e que, consequentemente, não têm uma função pública, salvo a natural função social e de acompanhamento.

Mujica: Lucía tem uma coisa, me fez dar minha palavra. Nenhum romancista iria pensar nisso, foi só algo que aconteceu, de modo meio fortuito, por essas coisas da vida. Mas, sim, efetivamente. Lucía sempre renega essa coisa de primeira-dama e tudo isso. Sempre, sempre renega, porque acha que é uma coisa assim, meio de ostentação.

Sanguinetti: Mas, no início, Marta certamente enfrentou alguns problemas. Tínhamos saído da ditadura e a chamaram de primeira-dama... "Eu não sou primeira-dama, ninguém votou em mim." Criou-se uma confusão fantástica.

Por um lado isso é curioso, porque, quando começamos essas conversas, dissemos que algo em comum entre os senhores era o fato de que os dois tinham sido acompanhados durante toda a vida, ou por muito tempo, digamos, pela mesma mulher, e que eram mulheres fortes, que tinham construído sua vida pessoal por conta própria. E, além disso, nessa questão, as duas assumiram esse papel de maneira similar.

Mujica: Sim, sim... Outro dia, ao falarmos sobre a questão da terra, me faltou dizer algo, que gostaria de esclarecer.... É correto o que Sanguinetti diz, se a terra vale mais, o produto também vale mais, ou deveria ser assim. E existe essa tendência na economia, mas o problema se torna mais difícil quando se compra a terra não com uma finalidade produtiva, mas a fim de garantir seu valor. E então se dá muita importância à terra, porque é um bem que não desvaloriza, mais importante do que o ouro, e isso, mais tarde, distorce o mercado da terra. Esse é o problema, se utiliza a terra para garantir seu valor. Se se consegue obter alguma renda, muito bem, ótimo, mas, se não, também não importa. Ela está aí, está segura.

Sanguinetti: Eu não sinto que haja essa especulação no Uruguai. Não vejo campos improdutivos, os campos têm valor e se investe muito neles. Por isso temos a produção que temos.

Passemos ao futebol. Eu me lembro, Mujica, que, quando o senhor era presidente, o Loco Abreu estava no auge, e durante dois meses se via uma alegria nas ruas que era uma loucura. Ou seja, a gente podia parar e ficar conversando com qualquer pessoa, sorríamos uns para os outros... Qual é a importância do futebol num país como o nosso, para além do óbvio?

Mujica: É uma tradição, é um componente cultural do Uruguai a esta altura...

Porque o senhor não é muito de futebol, não é?

Mujica: Eu jogava futebol quando era pequeno. E andava de bicicleta e brincava e fui um torcedor também, um torcedor do time do bairro, do Cerro. E deixei de ir ao campo porque o time perdeu quatro partidas seguidas e eu disse: "A culpa é minha, eu é que sou um pé-frio bárbaro, que dou azar"... Mas me lembro de don Luis, que saía com seu cão e ia ao estádio do Cerro, que estava sendo construído. Caminhava para lá e para cá, ia e vinha.

Luis Batlle?

Mujica: Sim, claro, era o presidente da República. Nós vínhamos da feira, éramos crianças. O negócio é que ele nos parou duas vezes... porque vivia por ali, perto da 23ª delegacia...

Sanguinetti: Quando ele era deputado, morava ali perto, alugava uma casa.

Mujica: Vinha no ônibus 132, e às vezes minha mãe subia no ônibus cheia de pacotes e ele descia e a ajudava. Era um país republicano...

Sanguinetti: E estamos falando de don Luis, que era praticamente filho de um presidente e neto de outro. Digo praticamente filho porque, embora fosse sobrinho de don Pepe, foi criado em sua casa porque seu pai morreu cedo. E ele foi meu grande mestre. Eu me tornei político por causa de Luis Batlle.

E sobre o futebol, Sanguinetti, o senhor que é mais ativo nesse mundo...

Sanguinetti: Eu lhe diria o seguinte. O futebol no Uruguai foi um enorme fator de identificação nacional no momento em que o país, saindo de seu período de configuração e de suas guerras e confrontos, chega a um estágio de maturidade, digamos, em seu centenário. E aí vêm os triunfos de 1924, de 1928, de 1930, que geram uma grande consciência de identidade nacional, que se identifica, por sua vez, com os dois grandes templos laicos da sociedade uruguaia: o templo das leis e o templo do povo. O Palácio Legislativo e o estádio Centenário. Então é nesse momento que o futebol, trazido para cá pelos ingleses, como em qualquer outro lugar, adquire, digamos assim, uma dimensão que vai além da paixão pelo esporte. Aparece como um elemento que se refere à identidade do país, à construção do orgulho nacional. Quer dizer, isso é inquestionável. Hoje, cem anos depois, já é outra coisa, porque hoje o futebol é Hollywood, o futebol é uma indústria universal de entretenimento, como o cinema, como a Metro-Goldwyn-Mayer, como a Paramount ou como a Netflix.

Mujica: É colossal.

Sanguinetti: Então, em consequência disso, vivemos num mundo totalmente diferente, onde naturalmente tentamos manter vivo esse sentimento inexplicável de adesão a um time por causa do bairro, da família, pelo motivo que for, inclusive por causa da insígnia nacional, mas sabendo que, definitivamente, somos parte de uma coisa mais importante – não digo mais importante, mas de outra dimensão. O que não quer dizer que vamos desmerecê-la. Porque, claro, se Kevin Costner tivesse nascido aqui, não poderíamos tê-lo atuando no [teatro] El Galpón para sempre. Então, mesmo que Suárez ou Cavani tenham nascido aqui, bem, eles precisaram procurar uma cena teatral muito maior, porque essa é a lógica dos tempos. Isso, por um lado, nos enche de nostalgia, e em outros casos continua a nos entreter, como nos entretemos com todos os negócios do espetáculo do mundo atual.

Mujica: Eu acho que, em alguma medida, o futebol ajuda a expressar algo do eu profundo da espécie, que precisa acreditar em algo que lhe sirva para se reunir. Não somos conscientes disso, mas é uma decisão humana, porque é algo quase mitológico.

Se não se sente, não se entende.

Mujica: Claro. Porque não é uma coisa racional. É uma coisa emocional, profundamente emocional. E, naturalmente, não posso evitar o filtro da razão e todas as explicações, mas acho que de alguma maneira precisamos disso. Se não se expressar por aí, vai ter de se expressar de outra maneira. É um reflexo antropológico daquilo que somos. Isso não se enquadra muito bem com meus avós ideológicos, que eram muito programáticos, mas o ser humano é mais complicado, e o comportamento coletivo também. Agora apareceram alguns fenômenos, vejam que há crianças que são torcedores do Barça. Por quê? Isso está se internacionalizando.

Sanguinetti: Sim, porque agora a...

Mujica: Claro, a imagem e tudo o mais.

Sanguinetti: A dimensão da comunicação. Há torcedores do Barça e do Real Madrid. Mas aqui eu quero... aquilo de que falávamos há pouco. Eu sou um grande defensor do futebol como esporte.

Mujica: Sim, sim...

Sanguinetti: Por quê? Porque é o único esporte que não se especializou fisicamente, no qual há duas condições: a habilidade física e a capacidade associativa, que superam tudo o mais. Não se pode jogar basquete sem ter uma certa estatura, tampouco vôlei, rúgbi também não, nem esgrima, nem mesmo tênis. No futebol, ao contrário, pode haver um grande jogador de dois metros de altura ou um grande jogador de 1 metro e 65, ou de 1 metro e 76, como Pelé, que era o melhor do mundo, não? Então isso é que é notável no futebol, isso é que é notável. Agora, eu me lembro de quando havia limite de altura no basquete, que foi nossa época de ouro. Até 1 metro e 90.

Não se podia ser mais alto?
Sanguinetti: Não.

E então nos demos bem.
Sanguinetti: Na Olimpíada era 1 metro e 90.
Mujica: Os regulamentos eram ferozes...
Sanguinetti: Nosso pivô era Adesio Lombardo. Não nos esqueçamos de que fomos os terceiros em Helsinque [em 1952] e ganhamos o quarto lugar em Melbourne [em 1956]. Quer dizer, o Uruguai estava no topo e depois perdeu. Claro, apareceram os jogadores de 2 metros, e pronto. Nós tínhamos... Lembro que, quando saiu a regulamentação da altura de 1 metro e 90, eu era muito pequeno. Lombardo tinha exatamente 1 e 90, e então, quando ia fazer o exame médico, segundo contava o pessoal do bairro, passava dois ou três dias caminhando descalço, porque não queria correr o risco de ficar de fora por causa de meio centímetro, pois tinha exatamente 1 e 90. Ou seja, nossos grandes momentos olímpicos foram esses. Agora, no basquete, 1 metro e 90 é a altura de um armador, um armador baixinho. Eu joguei bastante basquete numa certa época, mas, bem...

Uma pergunta para os dois, mas primeiro a faço para você, Mujica, dado que os senhores têm quase a mesma idade, não? Um ano de diferença.
Sanguinetti: Eu sou de 6 de janeiro de 1936.
Mujica: 20 de maio de 1935.
Sanguinetti: Pouquíssimos meses.

E, dado que os dois estão na política desde os catorze anos, mais ou menos... O senhor, Mujica, pode identificar algo de Sanguinetti que teria gostado de ter e que não tem?
MUJICA: É uma pergunta que não...

Que nunca se fez.
MUJICA: Não. Nunca me fiz essa pergunta... Certamente algumas vivências do velho Partido Colorado, que eu não conheci. Mas, certamente, porque gosto muito de História e a História é curiosíssima. É estranho este país, ainda tem dois partidos bem vivos que são, pelo menos tradicionalmente, de um tipo que quase já não existe em nenhum lugar. É um espécime do Uruguai. Além disso, eu descobri o seguinte: esses partidos sempre foram frentes, unidas por uma tradição, mas sempre conviveram com divergências internas muito sérias. Não são partidos no sentido europeu, definidos...

Monolíticos.
MUJICA: Monolíticos. Não. Foram partidos elásticos, abertos a tudo, a ponto de terem gerado uma cultura, uma cultura nacional. Que os partidos de esquerda criticavam quando eram pequenos, mas que depois aprenderam a usar.

O que isso teria proporcionado ao senhor?
MUJICA: Creio que isso seja um produto do Uruguai, da história do Uruguai. Porque, estudando a história dos partidos, a gente se dá conta de que havia diferenças, diferenças brutais, internamente, brutais...
SANGUINETTI: Brutais, brutais...

Mujica: E, no entanto, mantinham o apego a essa velha tradição. É uma característica cultural do Uruguai.

Sanguinetti: Mas havia alguns eixos básicos, não?

Mujica: Sim, sim...

Sanguinetti: Havia eixos que inevitavelmente funcionavam além dessas margens. Havia alguns eixos básicos. Porque, digamos, o partido de Rosas e de Oribe não era o mesmo de Rivera e de Garibaldi.

Mujica: Não.

Sanguinetti: Eram expressões muito distintas. A partir daí, sim, houve sempre idas e vindas, e, efetivamente, os dois partidos sempre foram flexíveis, sempre foram. E houve divisões muito profundas.

Mujica: Mas, visto ao longo do tempo, foi o que garantiu que perdurassem.

Sanguinetti: Exato.

E por que o senhor desejaria ter tido essa experiência? O que acha que essa experiência de Sanguinetti teria lhe proporcionado?

Mujica: Porque há uma longa etapa do batllismo que, em alguma medida, é uma verdadeira social-democracia. Com o nome de batllismo e o que mais quiserem. E que tem uma enorme influência cultural na construção do país. É claro que, aos vinte anos, eu não conseguia enxergar isso, mas hoje, com a perspectiva dos anos...

Sanguinetti: Mas com vinte anos você era *blanco*.

Mujica: Mais ou menos. Meu primeiro voto foi para o Partido Socialista.

Sanguinetti: Ah, foi?!

Mujica: Meu primeiro voto foi para o Partido Socialista. Depois, embora minha família fosse *blanca*, conheci [Enrique] Erro e passei a acompanhá-lo. Embora, filosoficamente, na história do país, eu seja *blanco*.

Sanguinetti: Aí somos bem diferentes.

Mujica: *Noblesse oblige, noblesse oblige.*

Sanguinetti: Aí somos bem diferentes, bem diferentes.

E, quanto ao senhor, há algo que gostaria de ter que Mujica tem? As verduras e as flores?

Sanguinetti: Não. Da vida dele, não, eu diria que para mim é difícil trocar. O que de fato invejo nele, às vezes, é a sua capacidade de... esse gracejo que lhe permite, numa única frase, gerar uma tempestade benéfica. Digo, isso no aspecto pessoal. Agora, o que ele diz é muito importante. O Uruguai é social-democrata, porque a construção do Estado batllista é a construção de um Estado social-democrata, que foi administrado por gente mais socialista ou por gente mais liberal. Mas as bases estruturais do país continuam sendo as da estrutura social-democrática que se constrói, digamos, entre 1904 e 1930. É o que comumente se chama de Estado batllista, que hoje é o Estado uruguaio, simplesmente. E essa é a glória e o infortúnio do Partido Colorado, porque o que era o Estado batllista hoje já não é o Estado batllista, é o Estado, simplesmente. E a partir disso debatemos outras coisas, porque esse já é um dado da realidade, o Estado é assim. Então, isso gera ou nos leva a outros lugares...

Mujica: É um país estranho o Uruguai, porque primeiro tivemos a Constituição, depois teve de ser... Em grande medida, um sentimento de nacionalidade que tem outras raízes não é a mesma coisa, mas o Estado tem muito a ver com a construção do Uruguai real. Com seus conflitos, suas quedas e seus problemas, com uma construção, como se diz, tivemos primeiro a Constituição, primeiro fizemos a Constituição, depois tivemos de fazer o país. E o país teve algumas dificuldades.

Sanguinetti: Eu diria que a nação já estava aí.

Mujica: Sim.

Sanguinetti: A nação estava aí. A Constituição foi um programa de governo...

Mujica: Sim.

Sanguinetti: ...para a construção de um Estado que foi muito difícil de construir. Porque, se pensarmos no período que vai de 1830 até 1890, veremos o quanto conseguiu, o quanto custou a Constituição desse Estado que, como tal, como estrutura básica, podemos dizer, sem parecer uma heresia, nasceu a partir da etapa *de facto* de Venancio Flores e da etapa *de facto* de [Lorenzo] Latorre.

Mujica: Latorre foi muito, muito importante...

Sanguinetti: Que são os dois momentos fundacionais...

Mujica: ...temos que reconhecer.

Sanguinetti: E Venancio também. Só que Venancio está marcado por outros fatores, mas o primeiro cabo telegráfico é de Flores, o gás é de Flores, o primeiro Código Civil é de Flores, a energia elétrica é de Flores, a primeira estrada de ferro, momento em que ele faz um discurso muito bom, dizendo: "Quando deixarmos de nos matar uns aos outros"... e isso e aquilo. Ou seja, aí começa um processo de modernização que Latorre consolida, sem dúvida alguma. Sim, don Pepe foi contra, os jovens foram contra, e fizeram bem em ser contra. Mas o outro fez bem aquilo que fez, não? Porque pacificou o campo, fortaleceu os códigos, a coisa rural já estava feita, cercaram os campos, apoiou-se no setor progressista...

Mujica: O ensino...

Sanguinetti: E em seguida fez a reforma do ensino. Pronto, cumpriu seu dever para com a História.

Mujica: Personagem raro esse Latorre, um dia se cansou, se cansou e disse: "São ingovernáveis"...

Sanguinetti: E não era político.

Mujica: Não.

Sanguinetti: Não era político. Era militar, mas nenhum desses militares foi medíocre. Nenhum foi medíocre, porque todos foram muito inteligentes. Porque [Máximo] Santos, bastante discutível sob muitos outros aspectos, politicamente era muito inteligente, muito inteligente. Tão inteligente que reinventou Artigas.

Mujica: Reinventou Artigas, um departamento...

Sanguinetti: Não, não, reinventou o Artigas real.

Mujica: Sim, sim, eu sei.

Sanguinetti: Mandou pintar um retrato de Artigas. Era preciso dar uma carteira de identidade ao prócer. O sujeito era muito inteligente.

Mujica: Sentiu que precisávamos de algo que nos unisse.

Sanguinetti: Então Blanes pintou o retrato, que foi exposto no [Teatro] Solís, Santos fez todas as escolas desfilarem e disse: "Este é Artigas". O quanto isso tem a ver com a realidade? Ninguém sabe, nem mesmo Blanes, que escreve uma carta...

Mujica: O único retrato direto é o que fizeram dele, já velho, no Paraguai. O único retrato direto que existe.

Sanguinetti: O único retrato direto que existe é o do médico francês, [Alfred] Demersay, que é o desenho de um velhinho de perfil, desdentado, com meia dúzia de fios de cabelo. E, a partir de então, todo mundo que tinha nariz aquilino aparecia no Palácio para pedir uma pensão, porque diziam que eram descendentes de Artigas. Quantas vezes tive de brigar...

Mujica: Mas, como disse Pulpa Etchamendi [Washington Etchamendi Sosa (1921-1976), treinador de futebol uruguaio]: "Neste país é preciso importar bobos"...

Sanguinetti: É como quando começaram a pagar pensão para os descendentes dos 33 orientais [movimento expedicionário que na década de 1820 libertou o território da Província Cisplatina do império do Brasil]. Parecia que cada vez tinham desembarcado mais orientais.

Como o senhor gostaria de ser lembrado?

Sanguinetti: Veja, como gosto muito de História, ficou claro para mim que cada geração vai se lembrar de alguém em função dos critérios de seu tempo.

Mujica: E em função do que precisar.

Sanguinetti: Então não é o que a gente imagina que vai ser valorizado. De repente, algumas pessoas podem me valorizar porque, afinal, ajudei a que saíssemos em paz da ditadura. Está bem, mas essa é uma demanda de algumas pessoas. Dentro de cinquenta anos já não sei se isso valerá alguma coisa. E de repente alguém vai lembrar de mim porque criamos os CAIF [Centros de Atenção à Infância e à Família], para dar um exemplo. Ou outro, um economista, porque diminuímos a inflação depois de sessenta anos para a casa de um dígito, ou outros vão lembrar de mim porque não fizemos o suficiente em certas coisas. Então, honestamente, eu tenho bastante humildade histórica para saber que as coisas serão vistas na perspectiva adequada. Quanto a mim, a única coisa de que tenho certeza, para além daquilo pelo qual talvez se lembrem de mim, é que fui um servidor leal da República. Ponto. Era isso que eu estava dizendo. Eu sou um republicano, um servidor leal da República. Como meu pai, que era funcionário; como meu avô, que era militar, como todos: servidores leais à República. Depois, que cada um fale o que quiser. Vou acrescentar algo que disse para Mujica... Nós discordamos em muitíssimas coisas, muitíssimas coisas, e em algumas nos enfrentamos, mas reconheço que, depois que tocou a mim a responsabilidade de conduzir o país, encontrei em Mujica um homem que apostou na paz, e nunca na vingança. Ponto.

E para o senhor, Mujica, qual seria a maneira justa de recordá-lo?

Mujica: O que me preocupa é que, quando eu morrer, ainda existam pessoas que vão continuar a lutar pelas coisas pendentes, tentando fazer com que a sociedade seja um pouco mais justa. Se não houver pessoas que militem e que deem o melhor de si e de suas vidas para isso, terei fracassado. Porque me parece que isso é algo intergeracional. Os que nos antecederam fizeram muitas coisas. Quando nascemos, recebemos um capital gigantesco, que, com erros e acertos, foi construído pela humanidade que nos precedeu. E, bem, nunca chegaremos ao mundo perfeito, mas o mundo pode ser bastante aperfeiçoado, desde que haja pessoas que se comprometam com isso; ele não vai se aperfeiçoar por obra da natureza. No fundo, acredito no ser humano, apesar de tudo, embora às vezes ele nos decepcione. Mas acredito que o ser humano possa criar coisas melhores.

Há algo que não tenham dito, antes que eu desligue o gravador?

Mujica: Foi lindo, continuemos a conversar.

Sanguinetti: Tanta coisa, tanta coisa...

Mujica: Sempre restam coisas a serem ditas...

lepmeditores
www.lpm.com.br
o site que conta tudo

IMPRESSÃO:

PALLOTTI
GRÁFICA

Santa Maria - RS | Fone: (55) 3220.4500
www.graficapallotti.com.br